第33辑 法学家茶座 Teahouse For Jurists

卷首语

网审“李庄案”的收获

2010年3月，我在“正义网”的法律博客上以“玩儿游戏”的名义发起了“李庄案的虚拟陪审团审判”。众多网友积极支持，认真参与，使“游戏”之顺畅及影响均超出了我的预期。虽然陪审团的判决与我内心的期望有一定差距，但是就“游戏”而言，我在意的主要是过程而不是结果。顺便说，“李庄案”其实只是个符号，我在网上组织虚拟审判的主要目的是要演示陪审团审判所能体现的程序公正，而不是要对“李庄案”本身进行评判。

就实体公正而言，网络上的虚拟审判有其自身的局限性。首先，这次虚拟审判在“正义网”的法律博客上进行，我们只能在这个群体中挑选陪审员，因此陪审团主要由与被告人属于同一职业群体的法律人组成，其裁判难免会受到某种预判或偏见的影响。其次，网络上的虚拟审判不可能把证据直接呈现在裁判人员面前，也不可能进行直接质证。换言之，在这样的虚拟审判中，我们无法遵循直接言词原则，因此很难保证事实认定的客观公正。因此，我们虚化了实体公正的追求，努力演示陪审团审判的程序和方式，以便使更多的人了解陪审团制度并关注中国陪审制度的改革。这就是网审“李庄案”的收获。

诚然，陪审团审判并不能完全避免裁判的错误。我们不能指望采用了陪审团审判制度就可以在中国完全杜绝冤假错案。陪审团没有那么伟大！我以为，陪审团审判制度的核心价值在于这种民众参与司法的方式是社会民主的一个元素，有助于防范司法专断和司法腐败，有助于保障司法独立并提升司法权威，而这些恰恰是当下中国所急需的。因此，中国陪审制度的改革方向应该是从“陪审员”走向“陪审团”。当然，陪审团制度既不是完美无缺的，也不是长生不死的。或许，在百年之后，中国社会就不再需要这样的陪审制度了。但是在当下中国，我们特别需要真正意义上的“人民的陪审人民的团”。

何家弘

写于北京世纪城痴醒斋

目录

主编 张士宝　特邀执行主编 何家弘
执行主编助理 廖　明　杨建国
责任编辑 李岱岩　麻素光

山东出版集团
山东人民出版社出版发行
网址 http://www.sd-book.com.cn
社址 济南市胜利大街 39 号　邮政编码 250001
编辑部电话 （0531）82098903
E-mail fxjcz@vip.163.com
发行部电话 （0531）82098021

图书在版编目(CIP)数据
法学家茶座.第 33 辑/张士宝主编
济南：山东人民出版社，2011.8
ISBN 978-7-209-05471-3
Ⅰ.法… Ⅱ.张… Ⅲ.法学-文集 Ⅳ.D90-53
中国版本图书馆 CIP 数据核字(2010)第 156703 号

山东临沂新华印刷物流集团有限责任公司印刷
16 开本(172×232 毫米) 10 印张 160 千字
2011 年 8 月第 1 版　2011 年 8 月第 1 次印刷
定价：14.00 元

仇子明事件:如何有效保障舆论监督权?

2010年7月27日22时,一则题为《〈经济观察报〉记者因报道上市公司关联交易内幕遭全国通缉》的微博消息引爆网络。发帖者称,《经济观察报》记者仇子明因为报道了上市公司凯恩公司关联交易内幕,遭到凯恩公司所在地浙江丽水遂昌县公安局网上通缉。该微博称:2010年5月上旬,仇子明得到新闻线索,称凯恩股份实际控制人王白浪涉嫌在凯恩集团改制过程中侵吞国资、将上市公司资产洗钱至个人腰包等。经过深入调查,仇子明在有关媒体连续发表《凯恩股份"偷天换日"谜团》、《凯恩股份再调查:隐瞒的关联交易》等4篇文章。根据仇子明上述公开发表文章的内容,遂昌县公安局认定仇子明涉嫌损害商业信誉罪,并对仇子明作出刑事拘留决定。

这条微博犹如巨石击水,瞬间激起了巨大波澜。在短短5分钟内,该微博被一百多人评论和转发,最终被转发达2367次。仇子明被拘事件开始受到众多网友的极大关注。第二天一早,《南方都市报》记者纪许光题为《〈经济观察报〉记者报道公司交易内幕遭警方网上通缉》的报道刊出并被网络大量转载。随后,全国各大报纸、网络、电视台等媒体都对此事表示出高度关注,《经济观察报》总机和负责人的电话接到了无数采访要求。

2010年7月28日,相关报道引起浙江省有关方面的高度重视,在浙江省公安厅的指导下,丽水市公安局组织有关专家连夜对该案的有关证据和办案程序进行审核。丽水市公安局调查核实后认定:遂昌县公安局目前对仇子明因"涉嫌损害商业信誉罪"采取刑事拘留的决定不符合法定条件,责令遂昌县公安局立即撤销该决定,并向仇子明本人赔礼道歉。7月29日至30日,遂昌县公安局先后撤销了对仇子明的刑事拘留决定并派人赴北京向《经济观察报》社和记者仇子明作了诚恳道歉。

至此,这一幕闹剧似乎已经闭幕。仇子明的"转危为安"让中国的新闻记者备感欣慰,《经济观察报》为此发表社论,骄傲地宣称:"这几乎是所有人的胜利。"但是也有人认为,只要现实制度没有真正的改观,这胜利注定只能如昙花一现。

（刘英明　编写）

严把立案关

汪建成*

【醒世言】刑事司法程序是国家法律设立的惩治犯罪的专门程序。然而,这一程序是一把双刃剑。运用得好,对于惩罚犯罪、保护被害人和社会公众具有重大作用;运用得不妥甚至错误,不仅会造成对无辜公民的重大伤害,还会造成国家司法资源的严重浪费。因此对刑事程序的启动必须十分慎重!

最近,《经济观察报》记者仇子明因多次报道上市公司关联交易内幕,被浙江省遂昌县公安局决定刑事拘留,并展开网上通缉的事件,在社会公众中反响甚大。此事件虽然最终以公安机关撤销对仇子明的刑事拘留决定,并向仇子明本人赔礼道歉而画上了一个对仇子明本人和全社会都可以交代的圆满句号,然而有关本事件的思考却远没有也不应当结束。这种思考当然可以从不同的角度进行,但笔者作为刑事诉讼法学者,认为公安机关从本次事件中应当汲取的教训之一是:严把立案关,切莫轻易启动刑事程序。

刑事司法程序是国家法律设立的惩治犯罪的专门程序。然而，这一程序是一把双刃剑。运用得好,对于惩罚犯罪、保护被害人和社会公众具有重大作用;运用得不妥甚至错误,不仅会造成对无辜公民的重大伤害,还会造成国家司法资源的严重浪费,因此对刑事程序的启动必须十分慎重!

我们知道,刑事程序是分阶段循序渐进进行的,从立案开始到执行终结,中间要经过侦查、起诉、一审、二审甚至死刑核准等多道工序。前一个阶段是后一

---

* 作者为北京大学法学院教授。

个阶段的基础，后一个阶段是前一个阶段的延续。这些程序要经历一个比较漫长的时间，短则数月，长则逾年。虽然法律明确规定，任何人未经法院判决不得确定为有罪，但在法院宣判之前的诉讼程序中，为了保障程序的顺利进行，涉案的当事人不得不忍受国家法律制度带来的必要的伤害：有的被羁押，失去人身自由；有的财产被查封，企业或者个人经营困难；还有的要面对社会公众的挑剔和责难……同时，刑事程序的开启必然意味着国家司法资源的大量投入。警察、检察官以及法官们拿着国家的薪水，开着国家购置的公车，使用着国家财政经费盖的办公大楼……所有这些都说明：每办理一起刑事案件，都在损耗着国家的司法资源。可以夸张一点讲，如果用轻易启动刑事程序来解决本来不应该通过刑事程序解决的问题，就像用导弹打苍蝇一样得不偿失。基于斯，刑事程序的谦抑性问题近年来备受理论界和全社会的高度关注！

为此，我国刑事诉讼法中专门设立了立案程序，作为刑事诉讼的开始也是必经阶段。立案程序就像在刑事程序的殿堂之前高高立起的一座大门，只有这扇大门按照既定的制度被打开，余下的程序方能进行；立案程序又像巍巍耸立于江河之中的水闸，只有这座大闸按照既定的程序被提起，刑事程序的流程方可顺畅；立案程序还像一个过滤器，将那些不应当追究刑事责任的事件挡在刑事诉讼程序之外！

然而，司法实践中却总是有偏离制度设计轨道的现象发生，无视立案程序的上述价值，任意颠倒或者超越诉讼阶段的做法很难绝迹，“不破不立”、“先破后立”就是其中的典型表现，仇子明事件正是这些做法的实例。

严格说来，刑事拘留作为一种羁押措施，是侦查阶段方可使用的手段，网上通缉作为一种抓获嫌疑人的方法，更是需要侦查工作进展到一定程度才会动用的。那么，我们不禁要问：他们在决定刑事拘留之前，在展开网上通缉之前，严格履行立案程序了吗？

根据我国刑事诉讼法的规定，立案必须同时满足两个条件：一是有犯罪事实发生；二是应当追究刑事责任。遂昌县公安局根据仇子明公开发表文章的内容，就认定仇子明涉嫌损害商业信誉罪，并决定进行拘留和通缉，这显然并没有满足上述条件。揭露、报道、甚至针砭时弊，本来就是新闻记者的天职，所以关键不在于看他们所发表文章的内容，而是要看他们发表文章的动机以及所发表的内容与事实是否相符。所以，我们的疑问是，在作出拘留决定之前，是否作出了立案决定？而在作出立案决定之前，是否对仇子明所报道的事实进行负责任的调查？

司法是维护社会公平正义的最后一道防线，老百姓都对这道防线寄予厚望。然而，个别地方的公安机关或者个别工作人员，忘却了自己身上的这份担任，将法律赋予他们的权力变为替某些人或者某些利益集团谋取不正当利益的工具，恣意妄为，插手经济纠纷，随便动用刑事手段“先抓人，后解决问题”的现象时有发生，这些现象的发生的确应当引起全社会的警惕，也应当引起高层决策部门的重视！

谨防利益与权力的纠结

张卫平 *

【警世言】我们应当尽可能斩断公权力与市场经济主体之间的利益关联,使国家成为真正的市场经济、社会秩序、人权的监督者和维护者,而不是市场经济主体的“代表”和利益共同体。

新近看到网上关于“仇子明通缉案”的报道,使我很自然地联想起四年前的一桩案件。2006 年 8 月“鸿富锦精密工业(深圳)有限公司”(以下简称“鸿富锦”)作为民事诉讼的原告,起诉了《第一财经》杂志的两名记者,要求赔偿 3000 万。原因系该记者的两篇报道,反映了该公司普遍存在工人“超时加班”的问题,有“血汗工厂”的嫌疑。原告认为,被告的行为构成了对其名誉的侵害。原告起诉后随即向当地法院提出了财产保全请求,法院作出了许可原告保全请求的裁定,并迅速查封、扣押、冻结了翁宝、王佑两名记者的房产、汽车和存款。一时间引得舆论界一片哗然。

四年后的今天,又发生了《经济观察报》的记者仇子明因发表四篇揭露上市公司——凯恩公司关联交易内幕的文章,而遭到凯恩公司所在地浙江丽水遂昌县公安局对其刑事拘留、网上通缉的事件。在这一事件中,遂昌县公安局根据仇子明上述公开发表文章的内容,认定仇子明涉嫌损害商业信誉罪,并于 2010 年 7 月 23 日以“涉嫌损害商业信誉罪”对仇子明作出刑事拘留的决定。

在前一个案件,因为舆论的巨大压力,原告最终撤诉,对两名记者的指控和财产保全便自然不复存在。仇子明通缉案也因媒体的高度关注,在上级公安机

---

* 作者为清华大学法学院教授。

关的干预下，最终以撤销刑事拘留决定并赔礼道歉而告终。虽然表面上看，这两个案件没有什么外在的联系，不同的性质、不同的当事人、不同的时间、不同的地点，但认真分析可以发现，两个案件有着共同之处：其一，均是新闻媒体工作者揭露大企业的违法行为所导致；其二，企业为了维护自己的利益，均借助了国家权力——民事诉讼中动用了财产保全措施，刑事诉讼中动用刑事拘留、网上通缉——试图利用国家权力来威慑媒体监督，压制新闻自由。

从这两件具体的事例中，我们看到作为司法机关的法院和作为公权力机关的公安局都积极地迎合了企业的诉求，从而达成了企业经济利益与权力的纠结。在“鸿富锦”案件中，根据民事诉讼法关于财产保全的规定，完全没有必要对记者的个人财产进行查封、冻结和扣押，但法院却根据原告的请求采取上述措施，显然原告是试图通过这些保全措施对记者施加压力，从而达到恫吓的目的。在仇子明通缉案中，只要公安机关严格把握法定条件，也决不会发生这样的事件，但这些问题实际却都已经发生。

一方面，我们可以再度反思认为，这主要是没有严格执法，法治观念、责任心不强；另一方面，我们也可以重新自省检讨，有没有正确对待新闻媒体的监督权；但更重要的是，我们应当深刻认识到这些问题的发生，与我们的错误观念和片面的利益追求有直接的关联，即我们往往简单将地方大企业、上市公司的存在等同于所谓先进生产力，将维护地方生产产值、地方财政数额作为地方公权力的政治政绩和政治需要，公权力机关成为大公司、大企业等经济强势者的“代表”，如此，公权力机构就容易落入企业为谋求非法利益所设置的圈套，成为合谋者、“共犯”，法律也就蜕变为强势者手中的工具。在我们这样一个走向法治的国家，应当尽可能斩断公权力与市场经济主体之间的利益关联，使国家成为真正的市场经济、社会秩序、人权的监督者和维护者，而不是市场经济主体的“代表”和利益共同体。履行法治国家应有职能，务必提防利益与权力的纠结，因为只有司法和执法中立，才能保证司法和执法的公正性。

勿忘人民

何家弘*

【喻世言】人民，作为一个社会俗语，一般指平民百姓，即一个社会中的多数人，而且往往与“官”相对应，是站在“官”背后或者对面的普通民众。

《经济观察报》的记者仇子明撰文披露了一家上市公司的大股东涉嫌在公司改制过程中通过关联交易侵吞国家资产的内幕，该公司所在地浙江省丽水市遂昌县公安局随后以“涉嫌损害商业信誉罪”对仇子明作出刑事拘留决定并进行网上通缉。虽然在舆论的影响下，上级公安机关责令遂昌县公安局撤销了对仇子明的刑事拘留决定并赔礼道歉，似乎给此事画上了一个民众尚能接受的句号，但这一事件已然在社会中产生了广泛的影响，已然损害了公安机关的信誉，使民众对公安机关高喊的“执法为民”的口号产生了合理怀疑。

当我还不谙世事的时候，就听说，在“万恶的旧社会”，警察是官僚、资本家和地主老财的“狗腿子”，为虎作伥，欺压百姓；而在“幸福的新社会”，人民警察是专门保护人民的，是全心全意为人民服务的。在一段时期内，我的感觉果真如此，挺幸福的。于是，我跟着人们高喊：绝不能回到“万恶的旧社会”！不吃“二茬苦”！不受“二茬罪”！后来，经济发展了，社会富裕了，但是一些社会现象却使我的上述感觉发生了微妙的变化，似乎那种倒退已经出现在某些地区的某些警察身上。

我记得，重庆市公安机关曾经在2006年成立了“保护知名企业家联络办公

*作者为中国人民大学法学院教授。

室”,以便协调各级公安机关和各警种,专门为知名企业家提供人身财产的保安服务，并且把当地的128名企业家列为重点保护对象。诚然，企业家也属于人民,而且有些还是人民的代表——人大代表,因此也应该得到人民警察的保护。但是,企业家仅仅是人民中的一小部分,而且往往是社会中的“强势群体”。与人民中那些弱势群体相比,他们往往具有较强的“自我保护能力”。如果警察机关把这一小部分“强势群体”作为重点保护对象,特别是当他们的利益和民众的利益发生冲突的时候优先保护他们的利益,那可能就背离了人民警察的光荣称号和服务宗旨。当然,这些事情可能并不是由警察自己决定的,而是由上边的“领导”决定的。但是,警察的领导也是人民公仆,也是要全心全意为人民服务的。难道保护企业家的利益——甚至是不合法的利益——就是保护人民？难道为企业家服务——甚至是不正当的服务——就是为人民服务？于是，我就想到了一个貌似简单的问题:谁是人民?

人民，作为一个政治概念，一般指全体国民或公民，即一个社会中的所有人,但是在不同国家和社会中可能有不同的内涵;而作为一个社会俗语,一般指平民百姓,即一个社会中的多数人,而且往往与“官”相对应,是站在“官”背后或者对面的普通民众。这才是“人民”一词的真正含义。换言之,为人民服务,就是要为平民百姓服务,就是要为普通民众服务。

在这个意义上讲,当下中国虽有很多东西都冠上了“人民”的称号,但未必都名副其实。有人经常在口中说“人民”,但未必在心中还记得“人民”这两个字的真正含义。有人经常说,这是人民的,那也是人民的,但是究竟有多少东西是真正属于人民的？按理说,人民是公共权力的本源,但是却无法行使这些权力;人民是社会财富的本源,但是却无法支配这些财富。中国共产党是靠人民起家并夺取政权的,因此在掌权之后,执政者绝不能忘记人民。倘若执政者忘记了人民,那最终也会被人民忘记。

2010年年初,我在《南方日报》上看到一则报道,四川省巴中市委、市政府办公室发出通知,规定全市副科级以上的干部每个月必须回到自己的出生地或成长地的村或社区,住两天以上,加强同父老乡亲的感情交流、工作联系。我以为,为了使“人民公仆”别忘记“人民”，让他们“常回家看看”，确有必要，但是不能流于形式。于是，我就编了一首顺口溜——

假如你真是公仆，就回家看看爹妈，
不要搞虚头巴脑，就给些真情实话。

假如你真是公仆，就回家问问爹妈，
咱家的这些权力，到底是姓甚名啥。

假如你真是公仆，就回家告诉爹妈，
自己有多少财产，让爹妈把心放下。

如果你不是公仆，就不要老喊爹妈，
本来是缺情寡义，倒不如装聋作哑。

如果你不是公仆，就不要老讲为家，
其实是没心没肺，又何怕世人笑骂。

如果你不是公仆，就不要老说回家，
既然是无亲无故，索性就魂断天涯。

名不正，则言不顺

时延安*

这几年很关注司法改革和司法创新，关注多了，也就有了些感慨。那天偶然翻看《论语》，读到《子路》篇时，恰好碰到“名不正，则言不顺”一段：“名不正，则言不顺；言不顺，则事不成；事不成，则礼乐不兴；礼乐不兴，则刑罚不中。”于是又感慨许久。

名正与言顺的关系的确值得玩味。这里的“名”，并非容易说清楚。孔子所讲的这段话，是以对当政者的要求而进行的论述。因而这里的“名”实际上包含多层含义：一是身份，就是说，为政者是否具有合适而正当的身份，身份意味着资格，有这样的资格，说话才“顺”，才能为人所接受；二是名义，就是说为政者发布法令或者从事其他政治活动，是以什么样的名义来进行，名义妥当，他说话才有人听；三是形式，就是说为政者以什么样的形式来做事，形式合理又合法，他说话才能让人信服。

身份、名义、形式，都属于外在的东西，是相对于“内在”而言的。不过，这些外在的东西，对于为政者的行为却又十分重要。中国古人“闹革命”，其实都要先为自己“正名”。无论是部落、民族之间的冲突，还是贵族推翻自己的主子，抑或是“光脚的”造“穿鞋的”反，都要先弄个“名”出来。此时最喜欢用的名义，一是“天”，二是“民”，就是替天行道、吊民伐罪。用今天的话讲，把“天”搬出来，就是要顺应时代，而把“民”请出来，就是要顺应民意。

古人重视“名”，重视“名”与“言”的关系，并将其与“事”成与否、“礼乐”兴盛与否、“刑罚”目的实现与否联系起来。其实在今天，又何尝不是如此?！同样的话

*作者为中国人民大学法学院副教授。

题、同样的事情，由不同的主体去说、去做，效果是不一样的。这就涉及能否被人们所接受的问题，即是否“言顺”。而言顺的前提——当然不是唯一的前提，就是“名正”。不具备某项权力的主体去实施这项权力，即便有着良好的出发点，其效果也不会好，因为“名不正”，借用今天的话说，就是缺少合法性。

名“正”与否，检验标准还是在于“实”。名与实是相称的，但又很难说谁决定了谁。因为这里的“名”，属于观念形态的范畴，有时又具有规范的性质，而“实”属于实在的范畴。但将“实”归于名下，实际上即决定了实的价值，否则即属于自在之物，与价值无涉。例如，玉在没有被挖掘出来前，和其他石头没有任何不同；而只有挖掘出来且被人认定为“玉”之后，它才作为“玉”而存在，才具有了价值。但是这样的思路往往会被称为“诡辩”或者唯心主义，而被我们认同的观念是，正因为玉不是一般的石头，所以它天然是玉，并不因为尚未被挖掘而被否定，这似乎是唯物主义的观念。但这种所谓的唯物主义的观念，在社会生活中未必应验，“有名无实”、“有实无名”的情形总是存在着。

有名无实，实际就是骗人，不过往往却又不能作为诈骗来处理，因为“名”为他提供了保护伞，而他的“名”又系正当渠道“贩”来。其实人们看得清楚了，对有名无实的人也就有了提防，只是要吃过一些亏之后才能看清楚。有实无名，也会形成危害。比如“千里马常有，而伯乐不常有”，有千里马的实力，却没有千里马的名声，让千里马去拉车显然是湮没了良驹的才华。这样浪费人才的事情还算不得什么，最怕的是，本来没有资格去行使某项重大权力，却有着行使这项权力的“实”。就像当年的曹操，虽然今人不断给其正名，但他却为历代正统舆论所贬低，个中缘由之一，恐怕就是他“挟天子以令诸侯”、“名为汉相，实为汉贼”，没有天子的名分，却干着天子的事情，欺负自己的主子。天下有能者居之，挟天子令诸侯并不是坏事，明朝的历届首辅大臣实际上都在挟天子令诸侯，区别是曹操最后称王了，而他们没有。所以可笑的是，历史完全容忍有实名的行径，只要你不求那个“名”。曹操败在力求“名正言顺”，冤枉啊……

综上可见，有名无实、有实无名，都是有害的，所以要做到“名”、“实”相称；也只有相称，才能言顺，才能够被人们所接受。名正与言顺的关系，在推行法治中的作用尤其值得玩味。依法办事，就拥有一个合法的名义，就有法律的权威作为保障，说话也就“硬气”，自然就会得到大多数人的顺从，反之，说话就底气不足。立法、司法也是如此。例如，《治安管理处罚法》的前身《治安管理处罚条例》名曰“条例”，看起来像国务院制定颁布的，但实际上却是全国人大常委会通过的。这个“名”就有问题。再如，地方司法机关没有制定司法解释的权力，但现在各地制定的“准司法解释”却大行其道。面对这样的“准司法解释”，在民事案件里输了官司的人，在刑事案件中被判有罪或被判重罪的人，心里能服气吗？

曾有美国学者说，中国的“法官”虽然英译为“judge”，但是事实上与judge并不一样。这种观点听起来很让人气愤，但人家说的也确实有道理：中国的“法官”有名无实。法院的作用本来就是“定纷止争”，换句话说，“定纷”是法院的天职。但是，一些地方提倡的，却是让法院通过“和稀泥”的方式来“止争”。这也是“名实不符”，辜负了“法院”这个“名”。法院天然的角色，就是纠纷的最终解决者，但现实情况是，法院作出的判决，还有很多途径能改掉，即便不被改掉，也有很多人不去执行。如此咄咄怪事，今天似乎都不算什么了。然而，法院的权威丧失殆尽，法院的现实困境也辜负了法院的“名”。今日司法之困境，其实大家心里都清楚——真正握有司法事务决策权的，并非是司法机关，即司法机关未必有权决定所有司法事务。按理说，只要属于纠纷，都可以到法院打官司，在法律上弄清孰是孰非，然而在实践中，能够到法院打的官司却只是所有纠纷中的一部分。法院现在似乎越来越不愿意接案子了。

以“名正”与“言顺”关系来分析当今的司法改革，则问题更是异彩纷呈。司法改革和经济改革、政治改革不同，因为司法是以有法律为前提的，所以说司法虽然可以替立法机关想问题，但不能替立法机关立法。当司法机关进行改革时，如果在现有法律框架内进行，这仍是名正言顺；不过，一旦超出现有法律框架，就会出现名不正、言不顺的情况。比如，最近一些地方检察机关推行的“附条件不起诉”即是如此。说实在话，这一想法是挺好的，可以作为立法建议提交给立法机关，在适当的时候通过完善刑事诉讼法来达成。但在法律尚处于空白的情况下，径行加以实施，究竟是司法创新，还是乱法自用？就不好说了。

从某种意义上说，“法治”是最讲“名”的，因为法治为不同主体在不同条件下、不同法律关系中确定了不同的“名”，相应地对应着不同内容的权力和权利，即“实”。如果没有那个“名”，就意味着没有特殊的主体身份，自然也就没有相应的权力或者权利。当然历史原因使然，有些主体虽然没有那个“名”，但事实上却拥有那份权力或者权利。这一现象今天还广泛存在着，不过，已经越来越难以被人们认可了。所以，顺应“名”、“实”关系，对于法治而言，十分重要。在公权力领域，如果有那个“实”，就该在法律上有个“名”，否则就是有实无名，是滥政；如果空有其名，没有名下该有的“实”，就是“有名无实”，是怠政，浪费民脂民膏。

名不正，则言不顺。《吕氏春秋》中一段说得更为细致：“有道之主，其所以使群臣者亦有辔。其辔何如？正名审分，是治之辔已。故按其实而审其名，以求其情；听其言而察其类，无使放悖。夫名多不当其实，而事多不当其用者，故人主不可以不审名分也。不审名分，是恶壅而愈塞也。……今有人于此，求牛则名马，求马则名牛，所求必不得矣，而因用威怒，有司必诽怨矣，牛马必扰乱矣。百官，众有司也；万物，群牛马也。不正其名，不分其职，而数用刑罚，乱莫大焉。夫说以智通，而实以过悗；誉以高贤，而充以卑下；赞以洁白，而随以污德；任以公法，而处以贪枉；用以勇敢，而堙以罢怯。”古人宏论滔滔，其道理的确值得今人揣摩。

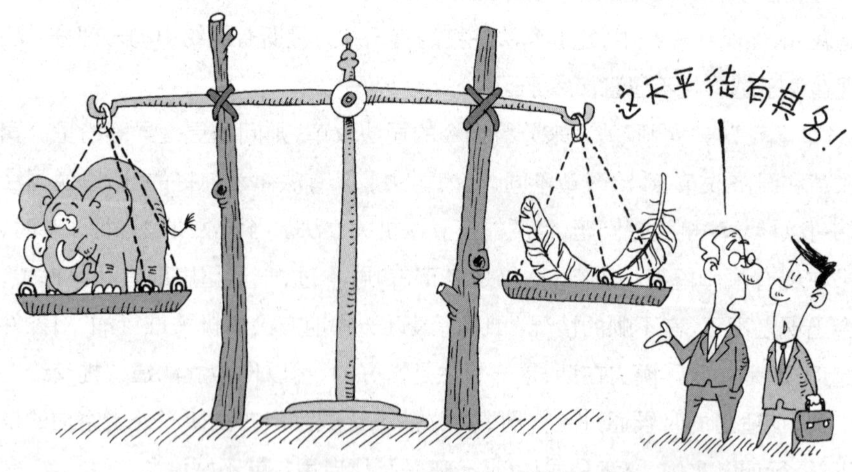

正处·正味·正义

喻　中*

《庄子·齐物论》称:"民湿寝则腰疾偏死,鳅然乎哉?木处则惴栗恂惧,猿猴然乎哉?三者孰知正处?民食刍豢,麋鹿食荐,鸱鸦耆鼠,蝍且甘带,四者孰知正味?"

在庄子的提问中,包含了两个关键词:正处与正味。所谓正处,是指标准的居所;所谓正味,是指标准的食物。如果要问,标准的居所是什么呢?让泥鳅来回答,当然是潮湿的泥地;让猿猴来回答,则是晃晃悠悠的树梢。但是,这两种居所显然都不适合人居:长期睡在泥地里,会患上致命的腰病;躺在高高的树枝上,没有人能够安心入眠。对于人类来说,只有工匠建造的房屋,才是理想的居所。那么,在泥地、树梢、房屋之间,到底何处才是正处?再说食物。麋鹿喜欢吃青草,鸱鸦喜欢吃腐鼠,蝍且喜欢吃小蛇。然而,对于人类来说,理想的食物却是牲畜。由此,同样的问题再次浮现:在青草、腐鼠、小蛇、牲畜之间,正味到底是什么?

庄子的结论是,人类认可的居所,并非唯一标准的居所;人类认可的食物,也并非唯一标准的食物。因此,对"正处"与"正味"的探究,就必须追问一个前提条件:谁认可的正处?谁认可的正味?

对正义的追问也是如此。在思想史上,美国哲学家麦金太尔有一本传世名著,标题就叫《谁之正义?何种合理性?》。麦金太尔关于正义的提问方式,较之庄子关于正处、正味的提问方式,颇有异曲同工之妙。按照庄子、麦金太尔的思维方式,就不宜抽象地回答"什么是正义"这样一个问题。抽象地、一般地解说正义很可能是无效的。反之,如果要有效地回答"何谓正义"这个问题,就必须追问

* 作者为四川大学法学院教授。

一个前提条件:谁之正义?

站在安提戈涅的立场上,安葬她的亲兄弟是正义的,但国王克瑞翁却不能认同;站在希特勒的立场上,屠杀犹太人是正义的,但犹太人却不能认同;站在梁山好汉的立场上,打家劫舍是正义的,但大宋王朝却不能认同;站在日本军国主义者的立场上,侵略中国是正义的,但中国人却不能认同……诸如此类的现象不胜枚举,都揭示出一个共同的规律:正义绝不是一个孤立的事物,其与特定的主体紧密相关;离开了特定的主体谈论正义,便仿佛"海客谈瀛洲,烟涛微茫信难求"。

在庄子看来,正处与正味有多种标准,人类认同的标准并非唯一正确的标准;在麦金太尔看来,正义问题有多种答案,某个群体提供的答案也很难成为唯一正确的答案。这样的论断,尽管带有比较浓厚的相对主义色彩,甚至还可能蕴藏着价值虚无主义的弊端,但是,这样的论断至少有助于打破我们的"傲慢与偏见",有助于把我们从专横独断的迷梦中唤醒,从而让我们注意到:在人类之外还有万物,在自己之外还有他人。以此为基础,我们就可以发现,所谓正义,既有自己认同的正义,也有他人认同的正义。如果承认这一点,就可能在这种正义与那种正义之间,形成一个多元化的格局——对于这种格局,不妨称之为多元正义。

从理论依据来看,多元正义的观念可以得到现代解释学中的"主体间性"概念的支持。主体间性又称交互主体性,其言外之意是:主体与客体的关系固然不能忽视,但主体与主体的关系更加值得重视。从主体间性的立场来看正义,正义就不仅仅是人与物之间的关系,甚至也不仅仅是人与人之间关于权利义务的分配关系,它同时还包括你的正义标准与我的正义标准之间的关系问题。换言之,不同的正义标准之间,还要形成相互对话、相互沟通、相互商谈、相互妥协的机制。当下流行的哈贝马斯的商谈伦理学,就是对这种机制的学理化的建构与阐释。

多元正义的观念不仅具有丰厚的理论基础,同时还蕴含着多个方面的实践意义。譬如,在东西文明对话的层面上,无论是强调"历史终结"的"西方中心论",还是强调"三十年河东,三十年河西"的"东方中心论",都失之偏颇。因为,持论者只知自己，不知他人；只愿意接受一种正义，不能容纳多种正义。这种偏颇的观念，无助于在多种文明之间，达致深层次的理解与沟通。相反，依赖多元正义的观念，则可能筑出一条通往费孝通所勾画出的“各美其美，美人之美，美美与共，天下大同”的坦途。

又如，在一国范围之内，多元正义的观念有助于在不同阶层、不同群体之间实现更多的理解与沟通，这是化解社会矛盾、促成社会和谐的必由之路。举例来说，某被拆迁者在拆迁过程中自焚身亡，但是，某拆迁者事后却讥之为“一个法盲的悲剧”。这样的言论表明，出言者拒绝理解自焚者的正义诉求，他只愿意固守某种单一的正义标准，拒绝理解与沟通。他的这种思维模式如果蔓延开来，不但会阻塞对话与沟通的大门，还将在根本上销蚀社会整合、社会团结的基础。

此外，单从司法过程来看，多元正义的观念还有助于促成独断型的司法过程向交涉型的司法过程转变。在独断型的司法过程中，无论是解释法律还是想象正义，法官都处于独断的地位；法官单方面想象的正义，就可能成为最后的判决结果。但是，在交涉型的司法过程中，法官想象的正义就应当与控辩双方分别想象的正义相互交涉，同时，法官想象的正义还应当与法庭外的其他主体分别想象的正义相互交涉——这里的交涉不能等同于屈从，而是对话，是沟通，是法官对自己所置身于其中的整体背景的尊重。我相信，一个至当的司法判决，将在这种多向度的交涉过程中逐渐破茧而出。

当下，很多人都在想象正义的仪容，都在期待“看得见的正义”。然而，“看得见的正义”绝不能仅仅止于“程序公开”之类的技术性装置。从更高的标准来说，“看得见的正义”还要求：一个人不能被自己单方面想象的正义所遮蔽，他既要“看得见”别人想象的正义，还要习惯于尊重其他人想象的正义。因为，归根到底，正义是一个主体间性的概念，要通过相互交涉、相互承认而实现。在这个世界上，任何人想象的正义都不能享有定于一尊的地位，就像任何物种想象的正处与正味都不能享有定于一尊的地位一样。

法治？德治？骂治？

周少华 *

“上完厕所应当冲水”，这属于道德规范的范畴。

然而，道德规范的维护依赖于个人的道德自觉。所以，要在道德领域实现“令行禁止”，有点儿难。在我所上班的办公楼里，“前人拉屎、后人冲水”一度是厕所里常见情形，可见有关如厕的那条道德规范很容易失灵。大学里尚且如此，街上的公共厕所也就可想而知了。

记得 1998 年 6 月克林顿夫妇来华访问，我方为了表达中国人民的友好情谊，特地在他们准备参观的慕田峪长城上修了一座厕所（当时媒体上有文章写到这个细节，并非本人杜撰）。克林顿夫妇没来访问之前，长城上当然也是有厕所的，否则每年数以千万计的游客如何受得了“憋屈”。由此可以猜测，专用厕所的修建有一层微妙的用意：向不可一世的美帝元首证明，我泱泱大国文明之邦并非没有一座干净卫生（豪华与否不得而知）的厕所。这仅仅是猜测，就当是小人之心，您且一笑了之。但可以大胆断言的是，原来的旧厕所一定是有碍于观瞻及呼吸，不利于让总统夫妇对中国之行留下美好印象。兹乃国之大事，不可疏忽，所以值得破费。

扯远了，还是回过头来说道德。

如果依靠道德就能够让天下安定、友邻和睦，那当然是人类社会治理的最高境界。然而在一个“礼坏乐崩，大道不存”的社会，秩序往往只能求助于外部的强制性力量，比如军队和警察，比如行政命令，比如法律。人类追求秩序的方式很多，但是作为法律共同体成员，我们喜欢“法治”这个词。即便如此，我们也都

---

* 作者为西北政法大学教授。

知道，就像钱不是万能的一样，法律也不是万能的。比如上厕所冲水这点儿破事，如果拿法律去调整，就显得有点搞笑——让警察在厕所门口站岗监督，那会更加搞笑。

这是一个搞笑的年代，编写搞笑的手机短信已经成了一种职业，大众传媒的大部分节目都以把观众逗乐为最高追求（这自然是因为搞笑能带来收视率、收听率）。在这个搞笑的年代里，法律依旧要保持严肃，板着面孔，不肯露出半颗牙齿，更不肯为搞笑之事拍手鼓掌。

所以，尽管道德通常很乏力，很多事情也不得不交给道德去处理，法律不能无度地向道德领域去“殖民”。学者们鼓吹法治，政治家们宣扬德治，其实都有各自的道理。然而，即使政治家与学者们倾心联袂，也不见得就能解决所有社会问题。更何况，聪明、务实的政治家们大多数时候是看不上学者们的理想主义的。比如“法律至上”，不过是书生意气，“三个至上”里才有大的学问和智慧。据说在美国，流行这样的“三段论”：一等聪明人经商，二等聪明人搞政治，三等聪明人做学问。奥巴马离开大学当上了总统，说明他已经由三等聪明人进步成了二等聪明人。以此类推，如果奥巴马先生还要继续进步，他就该在卸任之后转战商界。

中国的学者，包括法律学者，也应当向政治家们学习，向企业家们学习，这样才能在聪明等级上更上层楼，坚决杜绝“三个至上谁至上”这样的傻问题。当然，如果你压根儿就不打算进步，那就另当别论了。反正，你要非得坚持唯独法律至上，那就难免有“卖什么的吆喝什么”的嫌疑。就像商场里售货员对你说“这件衣服最适合您”、“我们家的衣服质量最好价格最低”一样，多半是忽悠。既然法律不是万能的，它凭什么一元至上？对我们这个社会来说，法律能从可有可无上升为众多“至上”之一，已经很不错了，我们完全可以说“历史在进步”。这是事实判断，不需要搞什么逻辑论证。

法律的手不会伸那么长，而道德的手又有些纤软无力。那么，对于法律不屑于管，道德又管不住的事情，又该如何？

对于法学家和政治家来说，这可能都是个难题。但是，在我所在单位的办公楼的厕所里，我看到了对付这个难题的一种草根智慧：骂治。

这里是西北政法大学办公楼南辅楼，我所供职的《法律科学》编辑部位于该楼的二层。曾经，每年一到夏天，楼道里就会弥漫着一股浓烈的厕所气息，靠近厕所的几间办公室就只好铁门紧闭，让人误以为是集体旷工，其实是“正当防卫”——为了避免室内空气污染。或许是有人忍无可忍，向学校有关部门作了反映，负责该楼的清洁工后来就很卖力地开始重点治理厕所卫生，令情况稍有改观。然而，“林子大了什么鸟都有”，只顾自己方便、提起裤子就走人的主总还是会有，厕所环境问题依旧堪忧。终于有一天，厕所每个蹲位的门上都被贴上了一张纸，上面打印着两行字：

拜托，便后请冲水！不冲水的都是畜生！

或许是为了增强威慑力，又在旁边用毛笔大字重复写了一遍：

不冲水是畜生。

如此“雷语”，当然不会是来自于学校官方，必是清洁工或者是楼内群众自发所为。但不管怎样，自从实行了“骂治”，厕所里的卫生状况改天换地，走在楼道里终于可以不必再屏住呼吸了。倘若有“海龟”来校考察，校领导也完全可以陪着他到我们的这个厕所里参观如厕，不至于尴尬。我之所以这样说，是因为多年前我曾在报纸上看到过一篇文章：有一位洋博士学成归来，国内多所大学盛情相邀、虚位以待，最后经过考察筛选，他选择了南京某名牌大学。他说他做出这个选择的其中一个理由是，他看到这所大学的厕所非常干净，因此坚信，一个连厕所卫生都搞得认真的大学，其他的事情一定搞得好。

我的疑问是：如果没有实行“骂治”，厕所的卫生究竟如何才能保持得好呢？看来，南京的那所大学一定有其高明的地方。要么是他们的清洁工特别尽职尽责，要么就是他们的师生员工特别有修养。但在我的经验和想象里，厕所只能和“污秽”联系在一起，干净卫生的厕所就像圣人德行一样，不容易达到，更不容易保持。试想，如果我们办公楼厕所里的那张纸上仅仅写了“便后请冲水”，而少了后半段的“不冲水的都是畜生”，其效果会是如何？

结果可想而知，决不会有人自觉自愿地把自己便后不冲水的行为等同于畜生，并为了把自己与畜生区别开来而改变自己的行为方式。这主要是因为，“便后请冲水”这样的规范并没有表达任何的后果，如果被提示者内心没有基本的道德意识，这个规范即使写在那里，也是没有任何意义的。其实，即使没有人贴“骂治”告示，“便后冲水”的道德规范也依然是存在的，但能够意识到这个规范存在的人并不多，所以，不管“便后冲水”的制度是否上墙，冲水与否都基本上是个人的修养问题或习惯问题。而一旦把“不冲水的都是畜生”这样的道德评价结果置于规则之后，一条原本乏力的规则便似乎有了力量。因为在中国人的文化观念里，没有人愿意被别人看做畜生。不像西方人，会很高兴地给一条狗取一个跟自己甚至是跟自己的父亲相同的名字。

有点意思！一句“不冲水的都是畜生”，让“便后冲水”这个一再被忽视的道德规范得到了升华。如此看来，“骂规范”似乎比道德规范更高，而且可以在法律规范的一本正经之外产生切实的规制力量。莫非，“骂治”可以成为法治与德治之外的另一种治国方略？

玩笑玩笑。毕竟，“骂规范”登不得大雅之堂，“骂治”也不似德治、法治、礼治那般儒雅动听，甚至不若人治、吏治、党治那般庄严肃穆，它注定只能徘徊在红尘飘荡的民间。但并不缺少信众。比如在传统乡土社会，村民发现自己家里丢了东西，就会跑到大门外开骂，激烈一点儿的还会诅咒那个不确定的嫌疑人的祖宗八代，从村东头骂到村西头，然后回家。第二天早上，也许就会在自家的大门外发现那件丢失的东西。不过，这种情况通常被称作“泼妇骂街”，不是什么好的评价。所以只能不得已而为之，决不可随意开骂。

到了现在的信息社会，网路上更是充斥着形形色色的嬉笑怒骂。骂声之下，常常群情激奋，被骂的事情有时不得不因此改变。当然，同样是骂，有的是不怀好意，有的纯属骂主个人情绪的宣泄，有的则是希望通过“骂”这种特别的方式让我们的社会变得更好。所以，骂虽然登不得大雅之堂，很多时候却也无伤大雅。窃以为，只要对事不对人，只要别心怀叵测，我们的社会就应该对广大骂主广开“骂路”，看看他们骂得有没有道理。允许骂声的存在，乃是社会宽容与进步的表现。比如小布什，虽然贵为总统，美国人民也敢公开骂他蠢猪。当你不会因为骂了县长就被关进看守所、被以诽谤罪判刑，反而会受到县长的尊重对待、洗耳恭听，不会因为骂了单位领导就会被领导给小鞋穿，同时，你也并不会因为仅仅被别人骂就变成了大家眼中的恶棍时，那才预示着公民社会的真正到来，预示着每个人都具有独立思考和判断的能力。

当年柏杨先生出版《丑陋的中国人》时，曾袒露心声，说他之所以言辞激烈，是因为“爱之切，故其言也苛”，他希望通过骂让中国人觉悟起来。所以，如果是出于良知与公心，骂也可以成为推动社会进步的一种常规力量。因为有一种骂，可以被叫做“社会批评”，这样的骂中包含着责任。就像“母校就是那个你一天骂八次却不允许别人骂的地方”一样，家乡也是这样的一个地方，祖国也是这样的一个地方。中国人都知道“骂是爱”的格言，但在实际生活中，又没有人愿意挨骂，如果从特别的视角来理解，这说明我们还有希望。因为一群不愿意挨骂的人一旦觉悟起来，就应当会克己复礼，不做那些应该被骂的事。我们的社会也会因此好上很多，而且越来越好。

不过，就像法律有效的一个基本前提是人们害怕承担违法后果一样，“骂规范”要产生效果也必须是人们害怕被骂才行。你骂他不遵守公德是畜生，他说“我是畜生我怕谁”；你骂他贪得无厌是蛀虫，他说“我是蛀虫我快乐”。不敬鬼神，就不怕来世报应。遇到这些对骂有免疫力的“厚黑”人士，你又有何办法？

恐怕也没什么好办法，只能等着上帝去做最后的审判了。

"矛盾两分法"的历史终结

皮艺军 *

在社会冲突频发的今天，对于社会冲突的研究所使用的理论工具已经远非昔比。但是细心察看，不论是政府官员还是学者仍然把当前形势界定为"人民内部矛盾的高发期"，用"矛盾两分法"来分析冲突的缘由并给予定性。不可否认，许多人使用这种划分方法只是下意识的习惯性沿用，并不细究这种界定是否妥当。这种现象本不为怪，直到笔者从"社会敌意"的视角对当前社会冲突进行研究时，才发现"矛盾两分法"中隐藏的问题值得严重关切。

"矛盾两分法"始自于毛泽东1956年发表的那个著名讲话《关于正确处理人民内部矛盾的问题》(以下简称"讲话"——笔者注)。这个讲话的核心观点认为："人民内部矛盾和敌我矛盾是两类不同性质的矛盾，前者用民主的方法解决，后者用专政的方法解决。""矛盾两分法"出台的背景是认为在我国阶级斗争依然存在，但是国内"急风暴雨式"的革命已经结束，"人民内部矛盾"大量涌现，其中也包括像今天的群体事件一样，维权事件、罢工示威等抗议形式在各地均有出现。据裴宜理提供的数字，最早的罢工浪潮出现在1956年，达到258起。而到了1957年，"主要的劳工骚动于578家上海企业爆发，涉及近30000名工人。其中包括200多起工厂罢工事件，以及另外一百余起有组织的怠工事件。此外，七百余家企业也经历了程度较轻的"劳工动乱"(参见裴宜理：《1957年的上海罢工浪潮》，载于"共识网")。

虽然"讲话"认为"两分法"是要"正确处理人民内部矛盾"，目的是为了"调动一切可以调动的积极因素，化消极因素为积极因素"，但是在实际社会生活中，

---

* 作者为中国政法大学教授。

直到“文化大革命”的爆发，国家政治体制和经济体制设计的反常态始终没有得到改观，最后的结果是“消极因素减少了，积极因素也并未形成推动社会前进的动力，而只成为党的政治（路线）斗争中的借用力量”。因此，“矛盾两分法”的历史功能值得怀疑。

“矛盾两分法”主要是因为“人民内部矛盾”的大量涌现而提出的，是为“正确解决人民内部矛盾”而施行的。“讲话”曾明确指出，“凡属于思想性质的问题，凡属于人民内部的争论问题，只能用民主的方法去解决，只能用讨论的方法、批评的方法、说服教育的方法去解决，而不能用强制的、压服的方法去解决”，但是新中国成立之后的政治斗争实践结果告诉我们，“讲话”并没有实现这种有区别的划分。现实的情况是，敌我矛盾肯定会被专政，而不能用调和的方式解决。而原本属于“人民内部”的矛盾，经过以我划线、主观定性，也会转化为敌我矛盾，依然可以用专政的方法加以解决。仔细观察你还会发现，“讲话”也承认“两类矛盾在一定条件下会发生转化”，但实际上这里所说的“转化”，指的只是好人向坏人的转化（指人民内部矛盾向敌我矛盾的转化，其实不过是把原来的好人“认定”为坏人——笔者注）。在这种语境之下敌我矛盾转化成人民内部矛盾、坏人变好人的可能性是微乎其微的。

应当认为，“矛盾两分法”是在阶级斗争的语境之中，从斗争哲学中衍生出来的“人治思维模式”，从根本上是属于“绝对主义”或是“极端主义”的思维模式。把复杂的矛盾“简单化”，其实是不承认矛盾的复杂性，把矛盾的解决统统置于阶级斗争的对立模式之中。在这种模式中，矛盾只有本质上不同的两种，非此即彼，量的差别只是在这两种矛盾各自的框架中才会被承认，也就是说在人民内部矛盾与敌我矛盾之间没有度量的差别，只有性质的不同。这种“极端主义”的思维模式，其实在毛泽东 1939 年的讲话中就已经作了相似表述：“凡是敌人反对的我们就要拥护，凡是敌人拥护的我们就要反对。”这里的“我们”当然是指“人民”。毛泽东的这句话在“文革”中被红卫兵简化为“要是革命你就站过来，要是不革命就滚 TMD 蛋”。不理解革命、不懂得革命或者不向领袖表达忠诚的人，都会被当做革命的敌人，没有第三条路可走。

“矛盾两分法”所依据的标准不是法律标准而是政治标准。“讲话”中有这样一段话，显示出这种表述上的主观随意性和自我矛盾，即：“为了维护社会秩序和广大人民的利益，对于那些盗窃犯、诈骗犯、杀人放火犯、流氓集团和各种严重破坏社会秩序的坏分子，也必须实行专政……专政的制度不适用于人民内部。人民自己不能向自己专政，不能由一部分人民去压迫另一部分人民。人民中间的犯法分子也要受到法律的制裁，但是，这和压迫人民的敌人的专政是有原则区别的。”在同一段文字中，同样是“犯法者”，前者被专政，后者可以被当做“人民内部矛盾”，即使被关进监狱也不是被“专政”。这种“两分法”在无法无天、口含天宪的人治环境中，其用意如此含混，在执行中更显得格外危险。如果在表述上存在着自我矛盾，那么用这种含混的标准应对复杂的社会矛盾就变得高度危险。

可以看到，“矛盾两分法”强调的是对矛盾的“定性”。这种定性的传统是如此深刻地植入到中国人的心中，以至于一遇到社会矛盾便有意无意地要为之“定性”，似乎不作出个敌我划分就无法作出控制反应。根据社会学的标定理论，“是社会群体制造了越轨行为，其方式是制定那些一经违反就会造成越轨的准则”（贝克尔）；“越轨行为并非某种行为的本质，而是直接或间接的旁观者施加给行为人的”（艾力克森）。有能力给他人插标签的人是那些有权者，以权力者根据自身的利益和意志而做出的标定，便与行动自在的客观性质分离开来。如果这种“定性”是极端主义和绝对主义的，那么定性就将是专断的。不论是在政治的、法律的或是社会的层面，标定的过程都是一个充满风险和可能产生负向效应的过程。有了对行为的定性，应对方案也就产生了。定性的主观和武断，决定了应对方案的简单化和武断。（注：笔者在2009年提出的“社会敌意”概念，就立即遭到中国社科院和来自体制内的学者的激烈反对，称之为“泛政治化”，“会带来灾难性的后果”。“社会敌意”这种中性化的概念，居然会让一些人“谈敌色变”，连提出来研讨都会受到强烈抵制，这使我们联想到在阶级斗争语境中的“敌对思维模式”在学术界渗透得有多么深沉。）

奇怪的是，当前在使用“矛盾两分法”的时候，不论其倾向性如何，不论是主张"苛厉严打",还是主张"轻缓和谐",实际上都只提人民内部矛盾,却罕见有人提及哪个事件案件是属于敌我矛盾。如果只有极少数的叛国和民族分裂行为才属于"敌我矛盾",简单地用"人民内部矛盾"的标准给绝大多数社会冲突定性,那么这种矛盾的划分与处理的实际意义又在哪里呢?

据悉,对"人民内部矛盾"的处理似乎已经找到了明确的方案,即所谓"人民内部矛盾就是人民币可以解决的矛盾"。这句话流传甚广,是因为它不仅为"人民内部矛盾"下了定义,而且为这类矛盾找到了解决方法。不可否认,因利益诉求而产生的矛盾当然需要用经济方式来解决,但万不可作简单化的理解。把民众诉求贬为"天下攘攘,皆为利往"是对民众维权意识的一种无视。秋菊打官司只要个"说法",这"说法"就超出利益诉求之外了。如果政府自恃掌管着财政资源,把"花钱买平安"当做包治百病的秘方,那便是大错特错了。其一,民众的经济诉求的背后一定会伴随着超出金钱关系的政治的、权利的、平等和公正方面的诉求;其二,政府、企业与非利益相关者之间的矛盾不是仅靠金钱就可以解决的;其三,"人民内部"也存在着对抗性的矛盾,只不过这种矛盾既可用对抗性的方式,也可以用协商调解的方式来解决。"人民内部矛盾"的对抗性,使得矛盾的性质出现多层次的划分,从而也就使得"两分法"根本无法胜任日益复杂的社会矛盾的处置任务。

那么用什么方法来取代"矛盾两分法"呢?笔者早年在美国留学时的导师马汶·沃尔夫岗教授是当时英语世界里著名的犯罪学家,他曾在美国民众中用实证的方式,检测过公众对于社会危害行为严重性的态度,依此对不同严重程度的危害行为做出定量排序。例如经过测量,公众认为当年最为严重的危害行为是"在建筑物里安放炸弹,炸死20人",分值达到72.1,而危害性最为轻微的是"无家可归者流浪街头",分值为0.5。根据这种量化得到的分值,便可以科学地设定社会反应的方式和力度。

笔者本无意认为这种方法便是当前应对冲突事件的最佳方法,只是要强调,社会矛盾作为一种经验事实,其危害性不是主观认定的结果,不是非此即彼的,而是可以进行分层次的量化分析的。在物质和精神上所造成的危害后果及其手段所产生的社会影响，是可以转换成为不同的变量，对这些变量进行评估，可以发现社会危害性呈现出程度上的渐进性，是可以同相关的政策、法律法规做出清晰的对应的。这种渐变的性质，从本质上区别于“两分法”，从而使得社会矛盾冲突的处理，从人治社会中“矛盾两分法”的“定性”和“敌我分野”，演进到法治社会的“定量”和“程度分级”。依照这样一套科学的评估体系，在应对方法和处置力度上所做的设计也就会更减少主观武断，而更具有科学依据，避免“两分法”正在继续带来的严重的负向后果。

对这一问题的思考，是源于笔者对社会敌意现象的研究。社会敌意是解释社会冲突的一个很有趣的视角。那个谈敌色变、动辄划线定性的时代也已经过去了。在社会生活中展露出来的社会冲突，一定表现为不同程度、不同层次、不同向度和不同唤起方式的社会敌意。基于这种观察视角，多层次、多维度、多元化的冲突评估和思维模式，便不可置疑地替代了人治环境中的极端主义思维模式，使得多种社会科学原理成为矛盾的解释工具，使得法律成为应对各类矛盾的基本准则。更为根本的变化，是时代要求我们要学会与罪恶“共生”，学会“带癌生存”，学会用宽容对待那些异己的人和事，学会和谐本来就是不同利益集体在博弈中的妥协。

长期以来，“人民”这一概念在政治生活中的滥用，使其原本的含义以及围绕这一概念所从事的政治活动都不同程度出现了异化。“人民”的概念化，使之沦为权力执掌者以已划线或是以权谋私的最佳装潢。与此密切相关的“矛盾两分法”所产生的负向政治功能和极为惨痛的历史教训，不应当在中国大地上重演。这种陈旧的思维模式已经严重影响了对社会冲突和利益表达机制的科学评估。有鉴于此，沿袭至今已五十余载的“矛盾两分法”已几近历史终结，一种新思维必将随着这种旧有模式的日渐式微而成为主导。

关于公正廉洁执法的几点思考

叶　青*

深入推进社会矛盾化解、社会管理创新、公正廉洁执法三项重点工作，是我们党在新形势下总结党的执政规律、社会主义建设规律和政法事业发展规律基础上作出的重大战略决策。

公正廉洁执法是三项重点工作之本，是司法队伍建设之魂，更是司法公信力的基石。今年以来，各级司法机关围绕提高执法公信力、促进公正廉洁执法，纷纷提出了以深入的思想工作启迪塑造人、以严明的纪律作风建设教育警示人、以丰富的素能训练激励培养人的工作方法，取得了不小的成绩。

新的历史起点预示着新的历史使命。面对人民群众对司法公信力的拷问，面对屡查不禁的司法腐败个案，面对佘祥林、赵作海等冤错案，为了有效地制约司法权力、进一步强化法律监督、维护公平正义，迫切需要我们在强化自身监督的道路上，走得更加彻底；为了进一步加大规章制度执行力、推进公正廉洁执法，迫切需要我们把所承担的审判执行的政治责任与社会责任进行科学的化解，落实到每个审判庭、合议庭和法官办案的过程中。

公正廉洁执法，首先应将“公正廉洁为民”确立为法官的核心价值观。美国著名法学家庞德曾指出：“在法律史的各个经典时期，无论是在古代和近代世界里，对价值准则的论证、批判或合乎逻辑的适用，都曾是法学家们的主要活动。”中国目前正在经历一场深刻的社会转型，构建人民法官的核心价值理念，乃是中国司法体系发展、完善的重要动力。在现代意义上，司法公正总的是指依法审判、公正执法，具体包括三层含义：第一，在诉讼程序上，平等地对待诉讼各方当

---

*作者为华东政法大学教授。

事人，平等地保护各方当事人的诉讼权利，平等地要求各方当事人承担诉讼义务；第二，在裁判实体上，坚持权利标准，保护法律权利，对当事人做到有权利就保护，无权利就不支持，侵犯权利就给予制裁，这是司法公正的核心和主要体现；第三，裁判结果有利于社会秩序的稳定和良性发展。一般来说，个体权利的保护是与社会秩序的维护相一致的，因为社会整体利益的实现正是依赖于个体权利的实现。但是，不排除在某些特定时候，个体权利与社会秩序发生冲突，这时，对社会秩序的维护就优先于个体利益的保护，这也是公正的体现。其中的道理很简单，因为没有正常的社会秩序，也就无从对个体权利进行有效保护，当然对此不能作扩大的、随意的解释，而动摇对个体权利的保护，进而破坏司法的公正。它应当有充分的理由和严格的程序，这也是对法院和法官的考验，是司法公正更高层面的特殊要求。这种核心价值观的提出，既能够起到唤醒法官价值意识的作用，也能够在法官的人格塑造中起到促进作用，使法官的意识结构与社会角色定位更符合司法规律和民众对法官的角色期待。

其次，廉洁执法应当成为法官公正司法的职业道德底线。没有任何行为比起法官的徇私枉法对一个法治社会更为有害的了。正如西方先哲培根所指出的那样："一次错误的判决比多次错误的实例危害更大，因为这些错误的实例不过弄脏了水流，而错误的判决则把水源败坏了。"司法的腐败，即使是局部的腐败，也是对正义的源头活水的玷污，如果不能得到及时有效的矫正，将足以动摇法治的根基。究其原因在于：一是法官掌握着生杀予夺大权，必须以事实为根据，以法律为准绳，必须廉洁、公正，而司法腐败的直接结果就是贪赃枉法、亵渎司法公正，就可能直接危及人的生命权、健康权、自由权与人格权等等，以致酿成千古奇冤；二是法官执掌着权利与利益的分配、调整权，由于司法腐败所出现的裁判不公，就可能直接危及人的财产权、债权与知识产权，直接或间接危及人的物质利益的合理、合法享有；三是法官是社会公正与正义的象征，也是法律规则的宣示者，而司法腐败恰恰从根本上动摇与破坏了社会公正与正义的基础，致使人们失去信心。我以为，要实现廉洁执法，一要靠法官的司法良知，二要靠法官的司法能力，三要靠法院的制度执行力。也正如马克思所说的，"人的本质并不是单个人所固有的抽象物。在其现实性上，他是一切社会关系的总和”。生活在现实社会中的法官事实上遭受着传统宗法伦理与现代司法公正理念的“双重压力”，许多人在指责法官徇私枉法的同时却又试图凭借“人情”、“金钱”、“关系”等干扰司法公正，这是中国社会转型期的特有历史现象，也是社会转型期的中国法官所无法回避的困境。正因如此，“廉洁执法”才显得尤为重要，它既是人民法官最基本的职业道德义务，也是实现司法公正的前提条件，更是人民法官赢得人民拥戴与认同的“共识性”道德基础。正如最高人民法院王胜俊院长所说的：“公正廉洁执法既是三项重点工作的内容，又是三项重点工作的保证。”

再次，公正廉洁执法应当重在法院制度建设与队伍建设上。最高人民法院一直以来都十分重视通过制度建设和队伍建设推进公正廉洁执法，已制定并实施了不少制度，如廉政监察员和司法司法巡查制度、人情干扰报告制度、审务督察制度、中级与基层法院院长培训制度、案件回访制度、案件质量评查制度等。还于2009年1月发布了《五个严禁》，即严禁接受案件当事人及相关人员的请客送礼；严禁违反规定与律师进行不正当交往；严禁插手过问他人办理的案件；严禁在委托评估、拍卖等活动中徇私舞弊；严禁泄露审判工作秘密。《五个严禁》发布后一年的时间里，全国各级法院共处理违反“五个严禁”规定的干警319人，其中120人被移送司法处理，145人受到党政纪律处分，131人被调离审判执行岗位或受到其他处理，取得了较好的成效。“五个严禁”不仅是规范法官行为的“紧箍咒”，更是法官抵御人情社会中不正之风的一道有效“护身符”。但总的社会环境和司法状况与成熟法治社会相比还有相当大的距离，人情化的熟人社会和不算太高的薪资水平都会影响司法的公正性与廉洁性。学术界普遍认为，法官队伍建设的主题不应是雨果所谓的“违反人性的不自然的美德”塑造，首先应将他们视为由人而非神组成的群体，为他们的职业荣誉提供必要的物质保障；其次应当提高法官的准入门槛，提升司法从业者的职业化、专业化程度，这有利于法官珍惜荣誉，爱护名节，保持操守；最后以可操作的制度与手段严格地执行这些规范，对于违反者予以严厉制裁。法官队伍建设的落脚点应当是“公正廉洁，执法为民”，法官应当具备“用群众认同的态度倾听诉求，用群众认可的方式查清事实，用群众信服的方法化解纠纷，用群众接受的语言诠释法理”的为人民服务的司法能力，多一些像宋鱼水、袁月全、陈燕萍和徐玉弟式的人民喜爱的法官。

最后，应当完善司法程序控制和强化外部制约司法的机制构建。

总之，中国需要在政权稳定和惩治司法腐败之间权衡，并为此作出果断的抉择，因为司法机关不断出现的丑闻，已经覆盖了其更多的正常工作，甚至一些对社会有贡献的人员、事迹也被遗憾地抹杀了。广大司法干警一定要时刻绷紧拒腐防变这根弦，加强管理，加强教育，努力造就一支严格、公正、文明、廉洁的法官队伍，展现法院和法官队伍的良好形象，提高司法的公信力。

咬文嚼字说立法

柳经纬*

除了以宣示特定意识形态为宗旨的个别法律或法条外，绝大多数的法律和法条应可归类为人的行为规范，告诉人们什么是可为的，什么是不可为的。改革开放以来，伴随着社会法制的进步，我国的立法技术不断完善，立法的质量不断提高，法律的规范作用也就越来越强。总体来看，立法成果还是较为令人满意的。然而，人无完人，立法的操刀者即便是"智者"，也难免"千虑一失"。从鸡蛋里还能挑出骨头，相信法律文本里也就不难挑出瑕疵了。

据说有份杂志叫做《咬文嚼字》，专干这种"鸡蛋里挑骨头"的事。剖析报刊、图书、广告、影视作品中的语文差错，因此赢得了"语林啄木鸟"的美誉。

笔者无意担当法律文本之"啄木鸟"，因为啄木鸟具有坚持不懈的精神，笔者的习性属于"打一枪换一个地方"的那种，缺乏这种可贵的精神；且，挑错也是一份吃力不讨好的事，于名于利都不划算，笔者多少也有些功利心，不愿意去做此吃力不讨好的事。然而，由于长年从事民商法学专业教学与研究的缘故，对于所遇到的一些法律文本的差错，总有一种如同吞了苍蝇的感受，不吐不快。为此，本文借此杂志之名，倾诉倾诉心中的这种不快。

由于篇幅所限，本文不可能顾及改革开放以来所制定的全部民商事法律，甚至不可能对某一部法律进行较为全面的挑错。本文仅以被认为是立法技术水平较高的《中华人民共和国合同法》为对象，选择五个在笔者看来差错过于明显的条文，做一番剖析，当一回"啄木鸟"。

一、第九条第一款："当事人订立合同，应当具有相应的民事权利能力和民

---

* 作者为中国政法大学教授。

事行为能力。”

本款的问题是:法理不通。

1. 在民法学上,民事权利能力关涉民事主体的资格问题,而民事行为能力则关涉民事法律行为之效力问题。倘若欠缺民事权利能力,则无从确认其民事主体资格。德国法上有“无能力之社团”之说,究其实质是指虽有团体之外观,但法律上不承认其为民事主体。相比之下,倘若欠缺民事行为能力则并不影响民事主体的资格,仅影响民事主体所为民事法律行为之效力。

本款首要的问题是:既然是“当事人订立合同”,那么此“当事人”应指具有民事权利能力者,或为自然人,或为法人,或为其他组织(《合同法》第二条),不具备民事权利能力者不能称之为“当事人”。因此,本款接下来的“应当具有相应的民事权利能力”就纯属“多余的话”。

2. 在现实法律生活中,缔约一方“无相应民事权利能力”的情形,通常是不可想象的。当缔约一方为自然人时,他一定具有民事权利能力,如果他不具备民事权利能力,只有两种情形:要么他因欠债而成为古罗马社会的奴隶,要么他的生命已经终结。在这两种情形下,他已不再是法律上的“人”,不可能成为缔约的“当事人”。当缔约一方为团体时,如为法人或者其他非法人团体,它也一定具有民事权利能力,如无民事权利能力,则此团体要么没有依法设立,要么已经依法撤销,法律上均不能视为“人”而存在,也不可能成为缔约的“当事人”。

唯一的例外是:依我国早期的民法学理论,法人的民事权利能力取决于其业务性质和业务范围,因此当法人之行为超越其业务范围时,当属无相应民事权利能力之情形。在传统理论上,法人“越权”而订立的合同无效。但依据最高人民法院关于《合同法》之司法解释,当事人超越经营范围订立合同,除非违反国家限制经营、特许经营以及法律、行政法规禁止经营规定,人民法院不能因此认定合同无效。这就把法人“越权”问题,归入法律行为合法性的范畴,而不是纳入主体资格的范畴。这一解释是符合市场经济社会需要的。

退一步说,即便关于法人超越业务范围的理论仍然成立,那么这也仅仅属于例外情形,而非一般情形。本款将其作为缔约当事人的一般情形规定,显然欠妥。

3. 合同是民事法律行为，对于当事人所订立的合同之效力而言，有意义的是其民事行为能力之有无。因此在立法上，关于民事法律行为之要件，就行为主体而言，只规定行为人应具备相应的民事行为能力（《民法通则》第五十五条），而不会要求具备相应的民事权利能力。与之对应，立法上还须将不具备民事行为能力者所订立的合同效力做出明确的规定（《民法通则》第五十八条）。法条之间相互呼应，法律的规范性才能得到彰显。

在《合同法》中，与本款有对应关系的是第四十七条，该条是关于限制民事行为能力人订立的合同之效力（待定）的规定。然而，第四十七条所对应的仅是本款中缔约当事人的民事行为能力，而非民事权利能力。在整部《合同法》中，我们找不到与本款之"当事人订立合同应具备相应的民事权利能力"对应的条文。一方面法律对缔约当事人的民事权利能力提出要求，另一方面法律对于不合此要求的行为却无对应的规定，这样的法条有何规范意义？

二、第十条第一款："当事人订立合同，有书面形式、口头形式和其他形式。"

本款的问题是：使用的不是法律语言，无法彰显本款内涵的合同自由精神。

1. 通常，民法教师在课堂教学中，告知学生，民事法律行为的形式主要"有"书面和口头两种，这两种形式均为明示；此外"还有"默示，包括推定（作为的意思表示推定）和沉默（不作为的意思表示推定）。因此，"有"在这里显然是作为教学语言而存在的。法律条文应使用法律语言，不宜使用教学语言。因为法律条文是法律规范的外在表现形式，必须体现出法律的规范意义。从法律规范的角度看，本款的意义不应是告知人们订立合同的形式"有"几种，而是告知人们订立合同时"可以"采取哪些形式。"可以"是法律语言，具有授权的意义。

2. 第十条是关于合同形式的规定，联系本条第二款（法律、行政法规规定采用书面形式的，应当采用书面形式。当事人约定采用书面形式的，应当采用书面形式）以及第三十六条等的规定，本条实际担负着彰显合同（形式）自由精神的功能。合同自由包括缔约自由、选择相对人自由、合同内容自由和合同形式自由等内容。合同自由是合同法的精神所在。合同形式自由意味着，除非法律对合同的形式有特别的要求，当事人“有权”以任何形式订立合同。本款使用“有”这一用语，丝毫不足以彰显合同自由的精神。

3. 单纯从语言逻辑来看，本款与第十条第二款也不相协调。第二款规定：“法律、行政法规规定采用书面形式的，应当采用书面形式。当事人约定采用书面形式的，应当采用书面形式。”后半段仍属于合同形式自由的范畴，前半段则是对合同形式自由的限制，用的是“应当”这一法律语言。因此，从语言逻辑上看，本款只有用“可以”（采取），表明当事人享有选择合同形式的自由，这样第二款前半段用“应当”以限制合同形式自由，逻辑上也就顺了。

三、第十三条：“当事人订立合同，采取要约、承诺方式。”

本条的问题是：既多余，又有碍法制之进步。

1. 关于缔约的方式（程序），除了要约、承诺外，有无其他方式？如无，则本条规定纯属于多余；如有，则本条只规定要约、承诺方式，显然不妥。

2. 要约和承诺均为意思表示，因此要约、承诺方式便着眼于当事人的意思表示，如无要约与承诺的意思表示，合同无从成立。这也是“合同=合意”的基本观念使然。从《民法通则》、《合同法》等法律的规定来看，我国现行立法并不承认无意思表示基础的“事实合同关系”，因此可以说缔约的方式，也只有要约、承诺，而无其他。如此一来，本条规定实属多余。

3. 然而，尽管现行法不承认“事实合同关系”，但作为德国法理论与司法的产物，“事实合同关系”理论有一定的合理性，对于解决实际问题也有一定的意义。因此，从法制进步的角度看，我国现行立法即便不予确认，但仍有必要给它留下空间，而不宜将其路堵死。本条规定了“当事人订立合同，采取要约、承诺方式”，则有将缔约方式只限于“要约、承诺方式”、不给“事实合同关系”留下必要空间之嫌，最终有碍法制之进步。

4. 本条的表述方式，同样具有教学语言的意味。条文中的“采取”一词，究竟是指当事人有权“采取”还是必须或应当“采取”要约、承诺的缔约方式？意思不明。这种表述方式，不符合法律规范的要求。

四、第五十二条：“有下列情形之一的，合同无效：（一）一方以欺诈、胁迫的手段订立合同，损害国家利益；……”

本条第一项的问题是：易生歧义。

1. 关于受欺诈胁迫所订立合同之效力，传统民法上多采取可撤销之立法例，法律赋予表意不自由一方以撤销权，维护私法自治的精神。我国《民法通则》采取的是行为无效的立法例（第五十八条），貌似强力保护表意不自由的一方，但使得表意不自由一方除接受无效之后果外，别无选择，有违私法自治的精神。《合同法》第五十四条就一般情形下之欺诈、胁迫所订立合同之效力，改采可撤销之立法例，留给了表意不自由一方在维持合同还是撤销合同之间进行选择的余地，将合同之命运交由当事人自己去决定，彰显了私法自治精神，是立法之一大进步。

2. 依本条第一项规定，欺诈、胁迫所订立的合同，如损害国家利益的，应认定无效。由此创立了欺诈、胁迫的二元立法体制。这里的关键是：国家利益如何界定？是指作为合同当事人之一方或双方的国有企事业单位所承载的国家利益，还是指当事人之外作为第三人的国有企事业单位和国家所承载的国家利益？

3. 如属前者，本项规定易生如下问题：第一，如果被欺诈的一方为国有企事业单位，此时国家利益遭受损失，依据本项规定，合同无效；第二，如果欺诈的一方为国有企事业单位，被欺诈的一方不是国有企事业单位，则不发生国家利益损失，不适用本条，而应适用第五十四条规定，合同不是无效，而是可撤销；第三，倘若合同双方当事人均为国有企事业单位，则此时从国家利益考虑，即可说是遭受损失，亦可说是没有损失（无非是这个口袋和那个口袋问题），此时合同效力如何？无效还是可撤销？抑或有效？

4. 如属后者，原则上应适用本条第二项关于“恶意串通，损害国家、集体或者第三人利益”的合同无效之规定，而不论欺诈、胁迫与否。如适用本项，势必导致以下结论：如果合同之订立，无欺诈、胁迫之情形，虽损害了国家利益，也不能认定无效。这岂不荒唐！

五、第一百八十六条第一款：“赠与人在赠与财产的权利转移之前可以撤销赠与。”

本款的问题是:自找麻烦。

1. 关于赠与合同,曾经有过要物之说,赠与合同之成立除了合意外,还须赠与物的交付,否则合同不成立。这是因为,赠与为无偿,倘若仅有合意即可成立合同,势必使得一些考虑欠周的赠与人陷于法律上的被动。然而,《合同法》关于赠与合同的规定,显然没有采要物之说,而采诺成之说(第一百八十五条)。但立法者也考虑到上述赠与人考虑欠周的因素,为此规定了本款。如果赠与人为赠与意思表示时考虑欠周,则可依据本款规定撤销赠与,以摆脱赠与之义务。立法的此种安排也算周全,既维护了言之有信的契约精神,又给反悔的赠与人留下了退路。

2. 然而,问题就出在这里。倘若赠与人既不履行赠与义务,又不撤销赠与,此时受赠人可向人民法院提起诉讼,要求赠与人履行赠与义务,法院也应支持受赠人的请求,判决赠与人交付赠与物。但是,当受赠人获得胜诉判决后,倘若赠与人撤销赠与,似乎也可成立,因为依据本款,赠与人在赠与财产的权利移转之前有权撤销赠与。此时的问题是:如果确认赠与人撤销赠与的效力,必将导致法院作出的胜诉判决失去法律的依据, 因为赠与人撤销赠与后不负赠与义务,受赠人亦不享有接受赠与的权利;如果维护法院判决的效力,则势必剥夺法律赋予赠与人撤销赠与的权利。这就是本款造成的问题。

3. 上述问题的症结不在于本款,而在于《合同法》对赠与合同采诺成之说。倘若采要物之说,则无此问题。赠与人与受赠人达成合意后,合同并不成立,自不发生交付赠与物之义务,赠与人也就不会因为当时考虑不周而陷于法律上之被动(道义上的被动仍可能存在)。当然,对于特殊的赠与(如救灾、扶贫之类赠与)或采取公证形式订立的赠与合同,法律仍可采诺成之说。

上述就《合同法》所进行的挑错,纯属笔者一家之说,目的在于促进立法技术之提高,促进法律制度之完善。是否成立,还需请读者明鉴。

圣甲虫与小蜜蜂

周 珂*

在工厂当过几年工人,工人阶级总能诙谐地说出至理名言,您听这句怎么样:“屎壳郎都能采蜜,谁还养小蜜蜂干什么。”师傅们说这话时往往有几分炫耀自己的手艺,对象往往是两类人,一是技术人员,那年月叫臭老九,二是我们这些小徒弟窝囊废。事实上更贴切的是针对前者,屎壳郎对臭老九,对仗工整,真乃绝配。后来看了美国大片《埃及艳后》,人家管屎壳郎叫圣甲虫,那可是昆虫中的顶级,套用学衔应当是院士级的了。如今,我从当年的小徒弟窝囊废出息成为小蜜蜂,而臭老九简单地换个称谓就行了:别叫人家屎壳郎,应当尊称圣甲虫。

和当年的苏联一样,我国目前高度重视自然科学,这其中圣甲虫功不可没。他们辛勤工作,不怕脏累,从生产第一线(屎壳郎)到专家治国(圣甲虫)都成为主力军。我认识的几位院士在我心目中都有圣人的学识和气质,例如一位院士指出我编写教材中引用的经典并不准确,黄土高原的地貌并不是因为人类过度开垦造成植被破坏而形成,它的地质整合中并没有任何植被信息,它是风力搬运的结果。因此不要一看到裸露的土地就想如何种树种草,再造秀美山川。另一位搞林学的院士教给我许多林学和土壤学方面的知识,这对于我后来承担联合国委托的土地退化防治能力建设课题,并在国际刊物(SSCI 和 SCI 检索系列刊物)上发表论文有很大的帮助。但在接触中也有一些院士在所谓思维范式上明显表现出与我们这些人文社会科学学者的差异。例如,在参加《循环经济促进法》立法过程中,有两位院士坚定地主张要在立法中写入鼓励从国外进口二手电器的内容,对此我一直激烈反对,并曾在《法制日报》上发表评论员文章《洋垃

* 作者为中国人民大学法学院教授。

在埃及的古迹里,随处可见圣甲虫的影子

圾涌入与法律的踟蹰》。而且我还主张首先要强调减量化原则，这更是院士们反对的。在这场较量中，小蜜蜂好像没有输,至少没惨败。

在环境保护领域，小蜜蜂与圣甲虫之间发生的一场虽然没有面对面、但却是更激烈的交锋，应当是十年前关于生态环境概念之争。2001 年我的拙作《生态环境法论》在法律出版社出版,第一次使用“生态环境法”这个概念,并在同时编写的《环境法》教材中引用了这个思路。事实上,我国上个世纪 90 年代初期制定的《中华人民共和国海洋环境保护法》便率先就污染防治与生态保护设计出一体化的保护模式,并在其后的许多环境立法中得以体现，我提出的生态环境法概念不过是顺应这个历史趋势,算不上什么创举。但此书一出版就有同事提醒我注意学界否定“生态环境”概念的轩然大波。

根据媒体的说法,生态环境用语最早是我国 H 院士于 1980~1982 年修宪时提出,并写入宪法中。此后,“生态环境”一词更多地进入到政府层面和人民大众层面。大约十年后有人反对这个用语,到 2005 年有水利方面院士等权威发文认为,“生态”是与生物有关的各种相互关系的总和,不是一个客体,而环境则是一个客体,把环境与生态叠加使用是不妥的。“生态环境”的准确表达应当是“自然环境”,外文没有“生态环境”或“生态的环境”的说法,《中国大百科全书》中将“生态环境”译为“ecological environ- ment”,是中国人的造词,未见于国外的科学著作。上书不久,国务院即要求全国科学技术名词审定委员会对该文组织讨论,提出意见。环境保护界有重要人物迅速响应,称:应依照国际上的通用提法,根据不同需要采用“环境”、“自然环境”、“环境保护”、“自然保育”等提法。在此情况下H院士出面澄清：“我本来也没想到这个东西是错的”；“现在我不赞成用‘生态环境’这一名词，但大家都用了，你禁止得了吗，禁止不了，但应该有明确的定义”；“我觉得我国自然科学名词委员会应该考虑这个问题，它有权改变这个东西”。但也有不少学者坚持使用这个概念。如有学者认为，生态、环境两个概念完全不同，说“生态环境”是概念重复或大致重叠，是不对的；说由此“生态环境”一词便不科学，不能用，也是不对的。“生态环境”一词，就是“生态和环境”，或“生态或环境”。当某事物、某问题与“生态”、“环境”都有关（既是涉及生态，又是涉及环境），或分不太清是“生态”还是“环境”问题，就用“生态环境”（如生态环境问题，某地区的生态环境）。这正是中国语言的特点。科学上该如何翻译，可根据其固有的意思，明确为“生态”时就“生态”，明确为“环境”时就“环境”，明确为“生态”和“环境”，或“生态”或“环境”，都可以按实际译。此种现象在中外文翻译中很多，是文字、语言的特点，不能认为中国语言形成的词汇在外国没有，就不科学。“生态建设”、“环境建设”、“生态环境建设”都可以用。至于生态环境的概念究竟对中国环境保护事业有何实质性的危害，至今自然科学界也没有给出明确的答案（这可能就是工人们说的那种采蜜）。奇怪的是，语言学、逻辑学的问题本应是人文社会科学更为关注的事，相反却成了自然科学的热点。但不争的事实是（请勿对号入座），生态环境概念提出以来，国人对包括水利、建筑、规划等领域环境问题的批评往往不再局限于污染，更多的是生态。

修宪时如此重要的问题法律界不可能一无所知或无所作为，只是因为时过境迁难以准确考证，我这个晚辈小蜜蜂也不敢妄加猜测。但与自然科学界围绕语言学和逻辑学纠缠不清形成对照的是，自生态环境法学的概念提出以来，它得到了法学界的认可并得以不断拓展。究其原因，一是学界前辈的支持与肯定，事实上如果没有法学界在修宪过程中的肯定，而仅凭自然科学界的认可，这个重要概念应当是无法入宪的；二是国家与公众的需要与认可；三是环境法学特殊的发展背景。这里我主要谈第三点。

我国的环境保护和环境立法起步于上世纪70年代，当时国际上有两大阵营——前苏联东欧的社会主义阵营和西方的资本主义阵营。纯粹意义上的环境法起源于西方阵营，基本上是以环境科学为基础的污染防治法，针对的是以当时发生于西方国家的"八大公害事件"为标志、以污染受害者利益为核心的环境问题。而前苏联东欧当时大都没有环境法，代之的是生态法和自然资源法。简单地说就是把大气、水、海洋、土地、森林等自然资源要素同时视为环境要素，保护了这些自然资源等于是保护了环境，也等于是加强了环境对污染物的承载力。为此，前苏联制定了《生态法》和《自然资源保护法》，而这些法律同时承担着环境保护的功能。这种模式符合这个阵营的实际需要，尤其是符合前苏联的情况，与日本等自然资源贫乏的国家相比，作为自然资源大国的前苏联强调自然资源保护是顺理成章的，更何况前苏联经济在很大程度上对自然资源严重依赖。其次，这也更符合计划经济的体制要求，部门经济在相当程度上就是对自然资源的分类管理，既要分部门又要讲平衡，生态学及其方法至关重要。当时全球环境法可以说是向两个路径发展，即污染防治方向的环境法路径和自然资源保护方向的生态法路径，当时我国参加修宪和最早环境立法的法律界人士不可能没有看到这个背景。这两条路径均有合理之处，也均需要完善和发展，同时这两条路径也有融合的趋势。例如更偏左的法国就有所谓自然保育法和污染防治法的二元化立法模式，日本等国从上个世纪 90 年代起也重视了自然资源保护，俄罗斯则在 2003 年制定了《环境保护法》。

在我看来，当时国内立法者不可能不考虑东西方环境保护特别是立法上的上述差异。我国改革开放之初百废待兴，在立法上非常重视借鉴国外的经验，环境立法作为阶级性和政治性较弱的领域，更强调与国际接轨甚至可以移植。但当时西方经济的兴盛与前苏联东欧的势微不可能不对我国环境立法产生影响。我国早期环境立法带有很明显的西方特别是日本的痕迹，从当时学者群的分布来看，也是以研究欧美和日本的学者为主流，只有马骧聪先生等少数学者对前苏联东欧环境法有较系统的研究。因此，在我国宪法的"生活环境与生态环境"这二元中，早期环境立法更多地体现的是以生活环境保护为重点的污染防治。到了上世纪 80 年代中后期，联合国提出可持续发展的理念，特别是 90 年代全球性环境问题日渐突显，生态问题才得以更广泛和高度地受到各国关注，并追求与环境问题的一体化解决模式。我国以人口资源环境为内容的生态问题更成为国策问题。所谓国策，是一种超前性的设计，它不以生产关系适应生产力的一般规律为前提，要做到预防为主，避免先污染后治理、先破坏后恢复的历史规律，它赋予法律人更多的责任和话语权。生态环境保护的理念和方法已迅速根植于中国大地，这也是自然科学界所始料不及的。有法学界前辈谈及此事只轻叹一声：要看是谁的话语。

生态环境法的价值判断并不着眼于其语言学和逻辑学的正确与否，而在于它对我国经济、社会、法制等领域的功能。自生态环境的概念提出以来，与以往纯粹意义上的环境保护相比，在法学方面至少推动了以下进步：

第一，在污染防治方面，传统的污染防治是以人为核心，而生态环境是以生物群体为中心，这对环境保护提出更高的要求。举例来说，人能忍受 DDT 的环境标准而秃鹫则不能，等人不能忍受时一切都为时已晚了，即以秃鹫作为生态环境中生物群体的中心物比以人为中心物更有利于环境保护。因此美国从早期的环境保护思维已转向生态环境的思维，不再使用水污染防治法这个用语，而是使用清洁水法这个生态环境法的用语，此外还有清洁空气法等也是同样道理。

第二，在环境保护的方法上，传统的环境保护法在污染防治方面是末端治理方式，难以做到预防为主，而生态环境引入了生命科学的理念，强调类似生命周期的全过程治理，只有把生态作为系统才能及时发现和解决环境问题。事实上，生态环境法的概念与现代环境保护立法上诸如清洁生产法、循环经济法等“从摇篮到坟墓”的全过程控制型环境立法具有高度的一致性。

第三，从历史上看，人类生态保护远早于环境保护。特别是中国的生态文明有悠久的历史，应当而且可以植入环境保护而赋予环境保护新的活力与内涵。近年来我国提出的科学发展观、人与自然的和谐、生态文明建设等与我国环境保护事业融为一体，一定意义上是我国生态环境保护概念的延伸和必然结果。

第四，传统环境法学中自然资源保护法体系的设计是与部门经济相对应，缺乏科学的组合。长期以来，各种教材中自然资源保护法有的分为七八章，有的分为十几章，但各章之间没有任何科学关联性，学生学习起来吃力，也不能像其他法学分支学科那样形成有机联系的整体，相当程度上影响了环境法学科的科学性。生态环境法将生态学原理引入到自然资源法，按照生态三要素原理，将这部分内容整合为三章（生物资源保护法、非生物资源保护法和特定空间保护法）或四章（上述三章外另有一章为人文生态环境保护法），这种体系与联合国有关规范中自然资源按生态属性或持续性属性的分类方法相接近，使环境法体系趋于严谨和科学。

第五，生态环境法远比传统的环境保护法更开放，更能够适应环境保护发展的需要。传统环境法的原理下，诸如人类文化遗产和历史文化遗产、自然灾害防治、能源法、气候变化应对等重大生态环境问题是难以包容的，生态环境法的提出有效地解决了这个问题。

以上圣甲虫与小蜜蜂之争可能太过言重了，至少在形式上是没有这么激烈的，或者二者都只在各自内部交锋而避免二者之间冲突。真要是掐起来，那也是力量悬殊的争斗，您只要拿盛产圣甲虫的北大、清华与只能孵小蜜蜂的人大相比，看教育部每年给这几所大学人均的经费投入，高低贵贱立现分晓。我也并非偏爱小蜜蜂，在时下气候变化与低碳经济立法问题上，我坚持认为我国当前要优先发展低碳技术，由圣甲虫说了算，如果有的蜜蜂不顾中国的实际，在那抖机灵、空谈立法优先，与西方不比科技比立法，那就是不采蜜瞎嗡嗡的公蜂。滚屎球也罢，祭祀也罢，采蜜也好，授粉也好，用工人师傅的话来说，革命工作只有分工不同，没有高低贵贱之分，在人民群众面前我们不过都是虫辈而已。但该分工的还是要分工，小蜜蜂不会去抢屎球也无意争宠艳后，而如果圣甲虫硬要去采蜜便会受到人们的揶揄——尽管它已经不叫屎壳郎了。

法学论文:不合逻辑的"三段论"当休矣

支振锋*

因为工作岗位的要求，我的职责就是看论文，尤其是法学论文——作为学者，我必须看国内外的文献，以进行我自已的研究；作为拿纳税人工资的编辑，我更是必须认真去看每一篇国内外来稿。看多了，也就有了一些比较有趣的发现。其一，国内学者的文章一般都比较短，不仅来稿如此，已刊发的文章也差不多。我没有做过精确地统计，但说国内80%以上的学术期刊刊发的论文不超过1万字，应该不算夸张。有些期刊发表的文章简直是豆腐块，往往只有三五千字，七八千字的都不多。不是说言简意赅不好，但作为"学术"文章，要想在短短几千字的篇幅里提出一个有意义的问题，做好文献评述，并通过有力的论证来解决之，在很多时候恐怕还真的是非大师莫能为之。

其二，就是具体写作的方式了，我将之归纳成为两种不合逻辑的"三段论"。具体来说，就某一个问题(先不说这个问题是否是真问题，是否是有意义的问题)的研究，我们的法学论文中，保守地说，恐怕有七八成以上逃不脱这两种写作模式。第一，大前提："某问题是什么"；小前提：就该问题，"甲专家的观点是……乙专家的观点是……丙专家的观点是……"，偶尔还会来一句："通说认为……"；最后是结论："笔者认为……"。或者第二种模式大前提："某问题是什么"；然后小前提：就该问题，"英国如何，日本如何，美国如何"；最后是结论："中国应当如何"。尤其以第二种模式居多，大概占到一半以上。而在提出"某问题"时，也是径直为其下个定义，"某问题就是某某"。我必须承认，划定论题域、交代研究的前提当属必要，但我的疑问是，为某个问题下定义应是研究的结束，怎会

---

*作者为中国社会科学院法学研究所副教授。

是研究的开始呢？因为定义都能下了，这个问题还是"问题"吗？除非你是要论证前人的定义不对，打算另起炉灶。这是典型的教科书写作模式，而不是严格的学术研究模式。还有，什么是"通说"，通说是怎么来的，怎么界定的，经过了什么样的"认证"？而更重要的问题是，不管是甲乙丙专家认为，还是美英日如何，都跟"笔者"认为或者"中国如何"没有必然的联系。甲乙丙专家那样认为，"笔者"不一定要那样认为，也不一定不那样认为；美英日如何，"中国"未必如何，也未必不如何。径直得出这样的结论，那么在前提和结论之间显然是断裂的两张皮，没有逻辑关系。

更要命的是，很多文章的问题都是"进口"的，跟中国没关系。每当我看到争取"堕胎权"的文章时，都不禁掩口窃笑，我们的问题是争取"堕胎权"吗？用美国的理论解决美国的问题，有时候的确能彰显大师风范，但更多时候却不过是在生产毫无意义的垃圾。

为什么会这样，解释当然可以很多。可以说是作者偷懒，写这样的文章不费力气啦；学风浮躁，写论文者不负责任不求甚解啦；急功近利，管他文章如何写，反正能够发表骗职称、待遇啦；以及科研评价机制有问题，逼良为"娼"，数字考核使得学者无法静心研究啦，等等，不一而足。但在很大程度上，这些解释本身可能就是不求甚解的表现。这里并非为某些作者辩护，实际上不少学者写这样的文章也是很费力气，甚至是很认真的。文章中文献极为丰富，一看就是花了不少工夫儿，说他偷懒，还真是冤枉。说学风浮躁、急功近利，好像对，但也好像不完全是，如果说写论文者不求甚解，完全是为了骗职称、待遇而写作，那为什么这些文章很大一部分还能够发表呢？不排除收版面费等学术腐败的情况，但也不至于严重如斯吧？将板子打在偏重数量的科研评价体制上，固然是一个有力的解释，但反例也是存在的。比如美国在很大程度上也是偏重数量考核的，诸如SCI、SSCI之类的东西就是美国人鼓捣出来的，但为什么美国主流期刊所刊发的文章很少如此呢？而且，在同样的科研评价体制下，我国也有非常杰出的学者脱颖而出。他们的学术成果从数量上说自然不算少，但从质量上说也非常高，甚至与国外最杰出的学者相比也不逊色，抑或犹有过之。

因此，如果说以上各种解释都有其道理但又都让人觉得有些不得要领的话，那么，其背后肯定还有更深层的原因。而且，学术的问题，在很大程度上最好从学术界内部找，从学者自己身上找。为什么中国法学会沦落如斯？原因有很多，有历史积淀、学术传统以及科研体制甚至政治环境等各个方面。作为一个普通的研究者，这些我们无法左右。但我们对学术有什么样的坚持与态度，援用什么样的研究资料与资源，采用什么样的研究方法，却是可以自己做主的。因此，我们就看中国法学的研究资料与资源其来何自？我认为，这背后深层的原因，就是从文本到文本的思维研究定式。

众所周知，作为西法东渐之结果的"现代"意义上的中国法学，其基本线索是对以西方为主的法学资源的汲取。在这种汲取式研究中，我们采用的主要方法从最开始的西学中源说，到援用以前翻译佛经时所用的比附与格义，再到后来的译介与比较法的方法。比附或者格义比较好理解。格义是佛学的一个术语，佛学家吕澄对"格义"所下的"定义"是："把佛书的名同中国书籍内的概念进行比较，把相同的固定下来，以后就作为理解佛学名相的规范。换句话说，就是把佛学的概念规定成为中国固有的类似的概念。"（吕澄：《中国佛学源流略讲》，中华书局1995年版，第45页）比附的作用是类似的，比如很可能是最早介绍西方政法制度的《东西洋考每月统纪传》(Estern Western Monthly Magazine)杂志，虽然其创办者郭时腊不过是个间谍，但在翻译西方政法制度时，却颇有意趣。杂志所发表的关于西方政法制度的文章不仅译名尽显中国国情，著文亦如小说且颇得章回体之法。1838年戊戌四、五、六月号连续登载的三篇《英吉利国政公会》，借两个中国文人饶有情节的对话方式突出、集中地介绍了英国的议会。文中，英国议会被译为"国政公会"，"为两间房，一曰爵房，一曰乡绅房"。而且各篇文初都引述一段荀子或管子的语录；对于所述的一些事理也不时征引中国的古典哲理予以解释。七月号登载的《北亚墨利加办国政之会》一文，以管子的一段语录题头，借用一位寄寓北美经营觅利的父亲给在中国的儿子写信的方式又介绍了美国的国会。"不立王以为国主，而遴选统领、副统领等大职，连四年承大统，必干民之誉，了然知宰世驭物、发政施仁也。""此元首统领百臣，以正大位。"总统副总统被译为统领副统领，“百臣”、“大统”、“大位”，更是中国人耳熟能详的词语。用中国本有的术语、词汇与理念去理解西洋新知，是20世纪之前国人理解包括政法知识在内的西洋新知的主要办法。这种做法，就是“格义”。比附则与此类似，但在对译的准确性上，又逊“格义”一筹。但“比附”与“格义”，都不过是在中西法律思想剧烈碰撞的晚清，知识分子面对异域的西方法律思想资源试图进行理解时做出的努力，其本质都是当时的知识分子试图为异域的法律资源找到妥适的本土表达。

然而，在附会、比附与格义中对异域资源却有着太多的误解与歪曲。随着中西法律沟通的展开及中国以“模范列强”为指向的修律变法的进行，这种“海外奇谈”式的对异域法律资源的理解自然不复所用。于是，为了真正实现对异域法律资源的准确理解，迫切需要正本清源。由此，中西法律沟通进入了下一个阶段：译介。从鸦片战争迄今170年，我们译介了多少西法资源，已不待言。此后，清末以还的法律人还重视对各国以及中外的法律制度与思想进行比较，尤其是对比较法的运用。虽然古今中外的法律研究中都可能有比较的运用，西法东渐早期的比附、附会与格义同样也意味着比较，但比较法方法的运用还主要是20世纪之后的事情，虽然直到今天，比较法的研究在中国都还处于初级阶段（沈宗灵先生语）。

我们可以看出，无论译介还是比较法，都主要是一种文本操作，着重在于对外国法律资源文本的引介与比较，依然是从纸面到纸面，从文本到文本。可以说，无论是比附、格义还是译介、比较法，它们对于文本背后的实践与问题却关注不够。总体来说，不过是为西方的法律资源找到一个中国表达。而译介与比较法虽然更“学术”一点，但且不说其研究质量如何，它主要也不过是为西方的法学研究作品找一个汉语版本而已。

为什么会这样，原因也很明显，由于近世中国对外国法的译介与研究是在面临瓜分豆剖之际的选择，“今日立国，不能不讲西法”（薛福成：《出使英法意比四国日记》），在病急乱求医的救亡心态下，自然不免少了许多慎重与清醒。而且，学习西方主要有三种资源：第一，西方的法律法规等制度资源；第二，西方的学说、理论等法学思想资源;第三,到西方对西法进行实地的运作考察。实地考察自然是好,但所花人力、物力却是不少,而且考察规模小了效果不明显,考察时间短了也未必有实效,但大规模的西法考察又显然不现实。所以,无论是清末五大臣的出洋考察,还是民国以还的出洋考察政法,主要都不过是官僚们的出国公费旅游而已。因此,我们在学习西方中,主要利用的是前两种资源,而这两种资源的共同特征就是:它们都是文本资源,都是纸面资源。近代以来的中国法学,恐怕主要就是引进和汲取这两种资源的法学。

然而,这种主要关注资源汲取的中国法学,既然目的是"取经",显然就缺乏足够的判断力和鉴别力。以至于唯洋文是瞻,认为外语一定比中文权威,成了不言而喻的预设。就连开会也必须拉几个老外装门面,这样才显得"规格高"。在这种情况下,中国法学研究主要就成了引进西方法学资源的研究,而且引进的还主要是文本资源。引进的目的,则主要是用来反衬中国法的"愚昧"与"落后",以及以西法来改造中法。这些来自西方的法学文本资源,就成了"药方"。而既然是药方,那么,自然是只能学习和奉行,而极少敢于甚至是根本就没有意识去进行质疑和否定。所以,我们可以从中国学者的著述里发现,绝大多数西方有点名气的法学家,都被中国人安上了"伟大"的头衔,哪怕是博登海默这样的美国三流法学家。

进而言之,既然是学习和奉行的"药方",那么,自然就适合作为"普世原则"或"普适原则"来适用。也就是说,我们需要的不是研究,只是如何去"适用"这些从西天取回来的"经书"和"药方"。而"适用"的过程,就是本文开头所言的那种三段论的过程;也只有将其理解为对"药方"或者普世价值与原则的"适用",这种三段论才是合乎逻辑和可以理解的。

然而,这种研究虽然看似无比繁荣,但删去枝蔓,将它拎起来抖一抖,会发现它很少有作者自己什么事儿。作者的贡献,往往就是给出版社赞助了一笔出版费,砍了几颗无辜的大树。所以说,中国法理学是没有"国家"的法学,这很有道理。在一定程度上而言,中国的法学可以将"中国"二字去掉,它没有中国户口,甚至连暂住证都没办,最终它静悄悄地走,正如它悄悄地来,而且不带走一片云彩——它不过是一个游客而已嘛！很明显，这样只注重文本的法学研究，它是脱离本国实践的。它在重视“药方”的同时，却忽视了“病人”的具体情境，可谓“只见药方，不见病人”。所以写出没有逻辑的三段论的文章，自然就没什么令人大惊小怪的了。

当然，原因还可以继续深挖。因为，这种从文本到文本的“药方”研究本质上是贩卖，是一国学者缺乏独立思考精神、一国学术缺乏自主创新精神的体现。而这就是一个更大的话题了，比如，值得强调的是，独立思考与自主精神并非排外，因为对一物除魅最好的办法就是深入研究它，搞清了，弄透了，自然就不会迷信了。尺短言长，还是容后再叙罢。

享受自然与享受法治

王明锁*

最近看到林语堂在《生活的艺术》中说："享受大自然，是一种艺术，视人的性情个性而异其趣。并且也如别种艺术一般，极难于描写其中的技巧。其中一切都需要出于自动，都需要出于艺术天性的自动。所以在某一时候怎样去享受一树一石或一景，并无规则可定。因为没有景致是相同的。凡是懂这个道理的人，不必有人教他，即会知道怎样去享受自然。"在欣赏与分享这段优美而富有哲理的文字中，我产生了两个看法。一是这段话似乎并非完全正确；二是享受大自然与享受法治似乎有着某种很值得说道说道的关系。

所引话语中，从"享受大自然"至"无规则可定"，是正确的。该段的前半部分是理由和论据，通过论述得出了"所以在某一时候怎样去享受一树一石或一景，并无规则可定"的结论。但在该结论之后又论述理由了。说"因为没有景致是相同的。凡是懂这个道理的人，不必有人教他，即会知道怎样去享受自然"。而此一句似乎很是值得推敲的了。理由在于，我们若到一个地方，许多人完全可以看到同样的景象、景色或景致，但每个人对相同景致景色景象的感受和理解却是会不同的。人们所谓的"看景不如听景"，其原因可能就在于听景的人自己没有欣赏美景的能力水平或至少其能力水平与讲说美景的人比起来要逊色得多。而有时候又听人说"百闻不如一见"，这种境况下，听景的人听过后，再亲眼一见，大多情况下肯定是发现了许多没有被陈述或至少是讲说得很不到位的地方。这听景者大概一定要比说景者技高一筹了。如每年高考作文题目，虽给出的图景相同，但待作出文以后，则没有任何两篇是一样的。还有，在著作权所保护的作品

---

*作者为河南大学法学院教授。

方面，有的作品都属原创，虽然比较近似，却也只能是近似，而决不会完全相同。于美术作品上，即使是临摹甚或赝品，通过专业人士和专业手段鉴别，也没有相同者。其原因何在？原因恐怕应当在于欣赏者、描述者或作者的不同，在于欣赏者、描述者或作者各自的心情水准不同，而并不在于没有相同的景致、景色与对象。因此，是否可以说，虽有相同景，但无相同人，人前景相同，品景各相异。不知当否？作品之所以不同，对相同景致、景色与对象欣赏之所以不同，之"所以在某一时候怎样去享受一树一石或一景，并无规则可定"，其原因并非是没有相同的景致，而是在于欣赏者主体不同，在于欣赏者的经历阅历不同，在于欣赏者欣赏的时间不同、性情不同、所受环境影响不同等。

享受大自然，是一种个人的感官满足，是一种心情的愉悦、放松与激动，是一种艺术，完全无规则可定。而法是人类社会关系的调整器，是一种治国安邦的手段，是解决社会矛盾纠纷的一种最为文明和有效的方法。法作为一种社会规范，体现了一种社会利益的平衡，体现了社会的公平与正义。法治是人类文明的象征，是人类进步发展的必备条件。享受法治是人类生存发展不可或缺的需要，同时也是人类愉悦生活与自由快乐的重要保障。享受法治也是一种艺术，但却是万万不可没有规则可定的艺术！

享受法治与享受自然不同。享受自然，其客体可以是相同的，可以依享受者主体的不同而得出不同的感受与结论。而享受法治，其客体同时也是主体，是很不相同的。其每个主体所遇到的利益情形，所出现的案件纠纷，都依主体所存在的时间地点与条件的不同而千变万化，相异有别。而所依据的法律规则则是相同的、统一的，于特定范围内是一致的，法律面前要人人平等的。

享受法治，先要靠主体自己。主体自己要知法懂法。知法懂法可使自己理解法律真谛，知晓自身权利义务，明白其中利害关系。既可享受法治带给自己本该享有的自由与利益，又可使他人快乐与幸福。享受法治，有时也需要别人的帮助。自己对法律不知不懂时、利益受到侵害时，即需要问询或靠别人相助。

但是，真正享受法治，最基本最重要者当是法律规定之情形与法律执行之状况。

享受法治，法律本身即是艺术，并一定要被作为艺术、要能成为艺术。艺术讲究一种平衡，讲究一种美，讲究一种愉悦与和谐。而法通过其制定者，确定社会关系之主体，设定主体间的权利与义务，规定主体设取权利义务之行为，明定主体行使权利与履行义务之方法，且明确主体违反义务时所当承担的法律责任与后果。以此使主体各司其职、各为其事、各尽其能，使人与人之关系有序进展、和谐愉悦。人类生存依赖于自然，自古开始便致力于认知自然、享受和欣赏自然，这享受自然便也成了一种艺术。人类生存又必结成社会，故自古也开始认析社会、用各种手段方法调整与规范社会，由此，法，也成了一种艺术！

享受自然是一种艺术，可视人的性情个性而异其趣，可无规则界定。但制定法律、享受法治，则必须要有规则可循、有规则可定，万不可视各自性情个性而异其趣，决不可站在各部门各主体之个人立场个人观念上来进行立法与解释法律。南京一女子上班路上被火车撞死，其母申请要求确认工伤。但经仲裁，认为被机动车碰撞者方可定为工伤，而火车不属于机动车，故不可定为工伤。向法院起诉，经审理，两审法院也都如此认定。这是法本身之问题抑或执法之问题尚可商榷，依道路交通安全法规定，汽车、拖拉机为机动车显属无疑，理由在于道路交通安全法是规定在通常道路上行驶之机动车辆，而从法律整体上看，社会保险法方面则规定在上班路上被机动车撞伤者可确定为工伤。如果依道路交通安全法规定而不认定该案受害人为工伤者，即以为火车不属机动车时，便一定发生万分荒谬与不可思议之情形：即用铁轨铺的道路不属于道路了，那铁道一定不是道、铁路一定不是路了；说火车不是机动车，那真不知是属于人推车抑或马拉车了。而最致命者还在于被汽车撞者与被火车撞者的后果也是天壤之别了！如此，法之基本公平正义将荡然无存，法治之信仰也将荡然无存。如此，社会关系何得稳定和谐？人将何来愉悦生活？如此，法与法治也难谈是一种艺术，而一定会成为一种诡辩之术！法律本身要成为艺术，恐怕应当一定是要遵守统一性、一致性、人情性、民主性、科学性、公平性、正义性等等规则的。

享受法治，更需要执行法律。执行法律也是一种艺术，是一种特殊的艺术，是一种动态艺术，活的艺术，显露的艺术，是张扬良善人性和促进社会生活和谐愉悦的艺术。好的法律要靠好的人来执行，法律的艺术要靠执法者予以展现。否则，艺术的法律与法律的艺术将不能起到其应有作用，将不能被众人欣赏与享受。故享受法治与享受大自然相比，要复杂得多，意义价值也重要得多！

享受大自然是个人事情，可视人的性情个性而异其趣。而执行法律关涉人与人之间利益之衡平，关涉社会的公平与正义，关涉人世间公平与邪恶之较量，关涉着社会的稳定与和谐，关涉着一公民、一人家、一群体之生计性命！故决不可依执法者个人之性情个性而异其趣。

执行法律是一种艺术，且是一种特殊的艺术。其特殊之处首先在于，就一般艺术而言，其对象是显现的、现实的，是相对稳定和不变的，而执行法律的对象则往往是已经过去了的，是潜存潜现的，是不稳定与可变的。纠纷生发之日，多是事实过去之时。欲了解真相，必曲径通幽，最终也还是掌握个基本大概而已，完全真相已极难显现。其次为执法者水平不一，其分析判断能力有别，就事实真相的获得认定也会有诸多差异。其三是对现有法律规定的理解也时有争议。其四，执法者能否站在公正的或与立法者同等的立场或层面就事实给予法律上的价值判断就更是一种艺术了。欣赏自然是不同人面对相同景，而欣赏法治则是不同人面对不同事实却要给予相同价值的法律判断。

拿上述确认工伤案件说，仅法律本身理解就如此多节，事实清楚却认定歧异，结果是不仅歪曲了法律，更扭曲了常理与民意。这时，艺术的法律已不再具有艺术性。后经周折磨难，由高级法院再审，才使法律的正义得以伸张，使扭曲的心灵得以抚慰。再拿赵作海案子来说，基本事实不清，基本证据缺失，可竟然被起诉，被判决！这里，法律本身是正义的，是艺术的，但执行法律却不按规则办事，不讲办案艺术。“以事实为根据、以法律为准绳”，如此简单基本重要之规则被抛得无影无踪！其结果不仅是百姓蒙冤、苍天落泪，更是法律执行之耻辱，是法律艺术之毁灭。

要让人们能真正享受法治，执法者确要有一种艺术天性的。这种艺术天性，是执法者真正熟谙法律，理解法律真谛。法者，决非一般规则，而是代表着国家意志，代表着以统治阶级为代表的最广大人民群众的根本利益，关系着政党、国家和民族的利益与前途的规则。法者，还是一种天地良心，是一种公平正义，是一种天理民意，是一种生活希望与向往，是一种心灵慰藉与信仰。故，法律是万万不可用作交易的。不能用权与法交易，不能用钱与法交易，更不能用个人利益及私情与法作交易。法一旦被交易，天平倾斜，民意改变，国家声誉破坏，法律信仰丧失，民众的生活方向会变得茫然，社会的关系秩序会变得混乱无章。故有人言：法者，国之大事也，攸乎社稷安危，必公必平！判者，司之大责也，关之民之疾苦，必清必明！

享受法治的艺术天性，应当是被融入社会生活的各层面、各主体。要融入每个主体的日常生活中，融入对自己行为的指引中。就像司机都自觉遵守交通规则一样，各行其道、各守其则、各停其位。如此，才不至于秩序混乱，不至于因人为因素而生发事故，才可使人人平安幸福。享受法治的艺术天性，更重要的还要存在于领导者阶层。立法者要制定出良善之法律，执法者要坚持秉公办案，领导监督者要正确领导监督法律之执行，而不是令其按自己的意志去代替法律的规定，更不是以监督领导的名义去代替法律执行。特别是执政党与政府部门，万不可将司法机关当成是政府机关之一部。

享受法治是一种艺术，有其规律可循，规则可定；倘若违背了，必将导致社会混乱，民不安宁。享受大自然是一种艺术，可视人的性情而异其趣，可无规则可定。但若往宏观深处说，大自然也有大自然的道理，有大自然的规律，倘若违背了，必然要受惩罚的。近代以来，人类在“享受”大自然的同时，废弃物有害物排放、植被破坏、温室效应等等，已经给人类带来了重大危害。故享受大自然也当有规则可定。甚至是否可以如此说：如果说享受法治无规则可定，将会给一个国家带来危难的话，那么享受大自然无规则可定，恐怕将会给整个人类带来灾难！故，世间一切事物，均当有其规则可定。

狗熊、宗教裁判执法官与我们

杨忠民 *

狗　熊

一则笑话，网上流传甚久：A、B、C 三国警察搜捕兔子（天晓得它犯了什么罪）。A 国警察先花半天时间开会制订计划，精细分工，然后才派特种部队进入森林作地毯式搜索，结果耽搁了时间，兔子早溜了；B 国则派了一百多人和几十辆警车在森林外一字排开，用喇叭喊话："兔子，兔子，你已经被包围了，快出来投降……" 半天过去了，没有动静，再派精英部队进入森林，搜索一遍，也不见兔子踪影；最后是 C 国警察，只有四人，先打了一天麻将，黄昏时才手提警棍进入森林，不到五分钟，只听见传来一阵惨叫，C 国警察有说有笑地从林子里出来，后面拖着一只鼻青脸肿的狗熊，它奄奄一息地喊道："不要再打了，我就是兔子……"

明眼人都看得出，这则笑话指向的国别是尖锐而清晰的，对此，不必太过在意。之所以提起这则笑话，是因为不久前看的西班牙影片《戈雅之灵》，其中一个情节与之有着惊人的相似。

宗教裁判执法官

1792 年的西班牙，天主教掌握着最高权力，并以宗教裁判所迫害异教徒。在影片中，一位少女仅仅因为厌恶吃烤乳猪，便被宗教裁判所的执法官秘密逮捕。少女的父亲为救自己的女儿，通过画家戈雅将执法官"请"到家中，质问为什么要逮捕自己的女儿，执法官坚称少女已经招供，她承认"秘密践行了祖先的犹太教条"。

---

* 作者为中国人民公安大学教授。

此时,主人与客人之间有一段对话。

问:你对我女儿刑讯了吗?

执法官:当然。

问:你相信讯问的供述是事实吗?

执法官:讯问得到的招供是最终事实。

问:即使讯问是痛苦的……

执法官:你对上帝是敬畏的,你就不会承认不真实的事实。

问:万一痛苦麻痹了我的意志呢?万一痛苦的感觉占了上风,胜过了我对于神的敬畏了呢?

执法官:如果你是无辜的,上帝会赐予你力量。

问:你确定吗?

执法官:当然。

问:如果他们拷打你,要你承认一件荒诞无比的事,比如你是一只猴子,你也会不承认吗?

执法官:……

不容分说,少女的家人强行将执法官捆绑吊起,逼他承认自己是只猴子。结果可想而知,短短几分钟吊打,执法官便不堪痛苦,在承认是猴子的招供书上签下了自己的姓名。

如果说,少女的招供是个悲剧,那么,执法官的招供则是令人发笑的喜剧,简直就像前面笑话的另一个版本,只不过必须把它看成是狗熊狠揍警察的故事。

荒诞的故事,总有一种莫名的深刻。刑讯之下,狗熊承认是兔子,荒诞而幽默;执法官承认自己是猴子,于讽刺之外,又别有一番意味。

笃信上帝,相信信仰的力量,以为心中有上帝,则不会在肉体的痛楚中违背事实说假话,这大约是那位执法官挥动皮鞭抽向他人时的行为逻辑之一。然而,轻轻吊打之下,即刻承认自己就是猴子,所崩溃的,不仅是执法官的肉体,还有他赖以支撑的精神信念。这当然不是说他对上帝的信仰是虚假的,也很难意味着肉体煎熬的瞬间竟会改变了他的灵魂。它只是重复了一个简单的道理:即便刑讯的动因是寻求事实的真相,但最终的结果,却无疑是在考验受刑者肉体对于疼痛的承受力。正如贝卡利亚所指出的,刑讯者"想让痛苦成为真相的试金石,似乎不幸者的筋骨和皮肉中蕴藏着检验真相的尺度。这种方法能保证使强壮的罪犯获得释放,并使软弱的无辜者被定罪处罚"。在贝卡利亚看来,"只有食人者才需要这种尺度"。他嘲讽道:"每一个人的体质和感觉各不相同,刑讯的结局正体现着对个人体质和感觉状况的衡量和计算。因此,一位数学家大概会比一位法官把这个问题解决得更好:他根据一个无辜者筋骨的承受力和皮肉的敏感度,计算出会使他认罪的痛苦量。"这些话写在《论犯罪与刑罚》中,这本书面世于1764年——比那位执法官的故事还要早上几十年。

很不幸的是,尽管贝卡利亚的时代——当然,也是那位宗教裁判执法官的时代——早已远去,我们仍然要不时提及贝卡利亚的老话,仍然不时会面对着类似宗教裁判执法官一样的执法者,不时会遭遇到"狗熊"承认自己是"兔子"的荒诞现实。

我　们

其实,一个社会谴责刑讯,主要并不在于防止把狗熊错当成了兔子——现实中,兔子们挨棍棒的几率要大得多——它的根本价值,是为了约束执法者的棍棒,保护所有"狗熊"们和"兔子"们应有的权利,这是众所周知的常识。当然,用这样的常识去斥责18世纪的那位宗教裁判执法官,无异于一种空气的震动,毫无意义。在他的心中,上帝至尊,神权高于一切,人的权利是没有方寸位置的。甚至于,对当下的某些执法者,以这样的常识去拷问,也显得多余。他们的执法资格,理应意味着已经懂得了手中的法槌区别于县官大老爷的惊堂木,腰间的警棍区别于衙役们的刑杖。

只需去寻找一个问题的答案。当面对刑讯逼供案件的时候,我们往往震惊于刑讯者的残暴:作为执法者,他不仅仅是国家机器上的螺钉,更是一个活生生的人,当皮鞭抽打在他的身上时,这个肉血之躯也会疼痛,也会因疼痛而扭曲,也会因疼痛而嘶喊！那么，他感受到疼痛了吗？

在《戈雅之灵》中，少女的父亲与执法官还有一段对话：

问：作为执法官，你本人接受过刑讯吗？

执法官：当然……

问：我是说，你本人成为过刑讯的对象吗？

执法官：当然没有！

好一个斩钉截铁的“当然没有”！由此，刑讯的痛苦只能属于他人，绝不会加诸于自身！——我以为，这是那位执法官，也包括今天的刑讯者们，如此喜好刑讯的一个更为重要的行为逻辑。“己所不欲，勿施于人”虽很难说是一个最高的道德要求，但毫无疑问的是，“己所不欲，必施于人”却是一个最坏最糟糕最恶劣的道德选择，即使这里的“人”，是一个如同罪犯般的坏人。“当然没有”，天然地会驱使刑讯者们抛弃前者，选择后者。

问题在于，在刑讯放纵的国度里，皮鞭会落在任何一个人的身上。当狗熊的权利无法得到保障时，狗熊便会成为兔子，而刑讯者本人则有可能成为猴子。唐代酷吏周兴设置的大瓮，烘烤过无数的囚犯，最终也将他本人“请”入其中，就是一个绝好的例子。施加于人的恶行，也是对自己的恶行。那位执法官在被吊打时，想必对此会有锥心的体验，或许还会记起了圣经上的名言：持剑者，必死于剑下——顺便说一句，在影片中，他由于承认自己是猴子，有辱教廷的尊严，也受到宗教裁判所的迫害，并被驱逐出境。

在一个法治社会里，免于恐惧的自由，从来不是某些成员的奢侈品，执法者固然有免于成为猴子的自由，而狗熊则应当有免于成为兔子的自由，当然，对于兔子来说，更不能缺少免于酷刑的自由。

法治是理性的，但不可能是一种先验的存在，它只能生长于人们所历经的种种痛苦磨难的经验之上。因此，法治的常识，有时不得不以这些痛苦磨难来阐释，不得不从人的趋利避害的本性来解读。从媒体上读到过一篇回忆前全国人大常委会委员长彭真的文章，其中写到：“彭真同志曾对人感叹：‘解放前，我在国民党监狱坐了6年牢；解放后，我在自己人的监狱里坐了9年半牢。这是我们不重视法治的报应啊！'正是这种刻骨铭心的痛苦经历，使他对法治格外重视，对宪法格外重视。"读之信然。

当然，让每一位执法者都身历被刑讯的痛苦，从而放弃刑讯，这种理论上似乎能够成立的逻辑，于现实中却是滑稽的，也多少显得荒谬。想想看，在一个刑讯肆虐的制度下，刑讯本身都成为一种权力，成为刑讯者的通行证，你能想象刑讯者会放弃吗？

我们应当寄希望于一个好的制度。有一句话，大家都耳熟能详：坏的制度能使好人做坏事，好的制度能使坏人不得不做好事。还有一句相近的表述：好的制度可能激励出人性最善良美好的一面，而坏的制度则可能暴露其最丑陋的一面。对于我们这样一个曾经因为"不重视法治"，横遭暴行屠戮，身受巨创、遍布伤痕的社会来说，刻于骨且铭于心的痛苦记忆，理应在今天生长出健全的制度，发育出敏感的神经——任何个体遭受酷刑的疼痛，都应当成为它的痛点；任何与法治相悖的行径都应当激起它的强烈反应。

今天，当我们发自内心地为这个社会的巨大进步喝彩时，更有理由指出，所希望看到的敏感神经发育还十分缓慢，制度机体的反应——尤其在人权保护方面——颇显迟钝："严重危害社会治安的犯罪分子"的上诉期限，从制定到取消，用了13个年头（1983~1996）；《城市流浪乞讨人员收容遣送办法》，从规定到废除，则用了整整21个年头（1982~2003）；将死刑复核权从地方法院收回到最高审判机关，更是用了近27年（1980~2007）！至于何时改革（废除或改造）劳教制度，尚未见任何时间表；而对于刑讯逼供，即使在30多年前中华人民共和国第一部刑法即将其规定为犯罪，十多年前有关方面就强调用排除非法证据予以制止，时至今日，这种强调还在"一再强调"……

迟钝，乃至于冷漠、麻木，只会令社会倒退到恐惧的时代——在那样的时代，每一个人都有可能是那则笑话中的狗熊，执法官也不例外。

以什么样的态度纠正错案?

刘品新*

前些日子给广西的少数民族检察人才作讲座交流,笔者从河南赵作海案件谈到国家新出台的两部刑事证据规定,大家普遍赞同新证据规定的核心价值在于防范错案的发生,以及指导纠正错案。然而,对于当地冒出的一起时髦案件——“广西版赵作海案”如何处理,检察官们却颇有争论。

据新华社报道,2005年广西男子王子发因一起发生在2001年的命案被判死缓,2007年“真凶”覃汉宝自首,2009年当地法院曾多次开庭审理覃汉宝涉嫌杀人一案,但至今尚未判决,王子发仍待在狱中。

对王子发是放是关?笔者认为,法律上的关键在于准确认定案件事实真相。覃汉宝是否是“真凶”?王子发是否被冤枉?一切还都得靠证据说话!仅凭覃汉宝的“口供”不能将其定罪,光有王子发的“申诉”也不能为其“昭雪”。这就是司法实务中的运作规则。

现在看来,“广西版赵作海案”的症结出在“疑案”上:原先判处王子发有罪,远谈不上证据确实、充分;如今想改判覃汉宝为“真凶”,证据也不是那么扎实。而以“疑”纠错,绝不是一个容易做出的选择。

这就是为什么虽然有人说我国的刑事纠错存在两种主要模式——“被害人复活型”与“真凶再现型”,而事实上“真凶再现型”的案件纠错并不普遍。譬如,河北的聂树斌因涉嫌强奸杀人于1995年被判处和执行死刑,而2005年“真凶”王书金归案后主动招认聂树斌为自己蒙冤的事实,当地司法机关也启动了再审的程序,但迄今为止对该案并未做出纠还是不纠的明确结论。

---

*作者为中国人民大学法学院副教授。

由此可见，错案纠正难是当前中国的司法现实。而究其原因，主要是案件纠错必须有确凿的证据。从这个角度，也就不难理解实践中“只有被害人复活才是最有力的纠错事由”。“广西版赵作海案”的困局正是，案发之初未能办成铁案，时过境迁后要寻找铁证纠错。

严格地把握标准纠正错案，是我国传统上“实事求是、有错必纠”原则的应有之义。这就需要司法人员运用高超的调查能力，最大可能地还原事实真相，在此基础上依法重启司法程序以保障人权。毋庸置疑，这一标准在理论上是妥当的，问题在于在实践中如何不左不右地执行。

假如司法人员僵硬地理解这一严苛的纠错标准，甚至人为地利用标准行故意不纠错之实，则走向了错案救济制度的反面。试想一下，难道司法纠错的标准应当是一个难于上青天的标准吗？以前述聂树斌案件为例，坊间对该案迟迟没有定论便颇有质疑、猜测，而民众的异议声更容易陷司法部门于进退维谷的境地。

在当今之中国，故意不纠错的乱象是尤其需要警惕的。这一点在民事再审中尤为明显。民事诉讼中究竟有没有必须纠正的错案？法律上的界定非常清晰（即2007年《民事诉讼法》修正后规定的13项申请再审事由），但司法人员却很容易在工作中犯迷糊。有人以为，刑事案件搞岔了——轻则错放，重则错判，乃至枉杀无辜，因而必须及时纠正；而民事案件搞岔了，不过是“把钱从左口袋放到了右口袋”嘛，没有必要费那么多力气再折腾。其实，这一观念是严重错误的。民事错案的危害后果也很严重！

这集中体现在假案方面。假案是指故意捏造假证制造出来的、案情并不存在的案件。时下中国的假案已经成为一股暗流，演变到令人讶异的程度。有的是当事人炮制的，还有的是司法人员直接介入而成。例如，2010年5月4日天涯论坛网友爆出《黄陂最牛法官，十天炮制55份假案》的新闻，当地法院启动调查后发现一名法官在短短10天内就审理了55起案件，大部分案件存在认定事实不清、违反法定程序、证据审查不严等问题（《羊城晚报》2010年5月8日）；又如，自2009年7月以来，辽宁抚顺中院7名法官涉嫌与当事人串通，制造通过司法认定驰名商标的假案,而被先后调离审判岗位接受调查(《中国青年报》2009 年 12 月 14 日)。如此恶劣的丑闻必然极大地毁损司法的形象,摧毁法治的根基。

话说到此，笔者联想起某省高级人民法院第三次再审的一起民事案件。案情很简单,就是一笔四万多元的借款之诉。然而,蹊跷之处在于作为基本证据的借条是复印件,用于佐证的证人证言都查无实据。检察机关三次抗诉、当地法院多次开庭后,还发现了更多令人匪夷所思的现象:执行通知书等法律文书上加盖的是虚假的法院公章,一审开庭笔录中当事人的签名是伪造的,原审原告当庭承认根本没有参加过一审,一审判决书在审判之前就已经出炉了……针对假得不能再假的案件,若还不能尽快地改判纠错,审判监督制度还有什么意义？法律又如何让人民信仰?

俗话说“冤假错案”,冤案、假案乃至错案都是一个类型的,均属于应当纠正的范围。凡有充分证据足以证明生效判决是“冤假错案”的,都应当启动再审程序进行纠正。仅就假案而言,虽非典型的错案,但贻害之烈猛于错案。假案不纠,天理亦难容！套用一句时下的流行话来说,假案从任何意义上都经不起法律和历史的检验,因而必须纠“错”!

这就需要每一个司法人员以虔诚的心态对待每一起再审的案件。心诚了,因冤假错案引发的一切阴霾,才会随风化解;若敷衍了事,所谓的“严格标准依法纠错”就会成为将错就错的托词。长此以往,司法必受戕害!

据报载：2010 年 6 月 21 日，河南省高院院长张立勇率领省高院和商丘市中院的领导班子来到柘城县农民赵作海的新家，张院长亲自向赵作海鞠躬致歉。面对高院院长,赵作海感到极为意外,说:“我对现在的生活很满意,现在是满天的云彩都散了……”当天上午,两级法院还就如何避免再次发生类似案件专门进行了反思(《大河报》2010 年 6 月 24 日)。

这便是司法纠错的虔诚心态!

比冤狱更可怕的

李奋飞 *

民众对权利和审判的漠不关心的态度对法律来说,是一个坏兆头。

——[美]罗斯科·庞德

这几天心里颇不宁静,以至于每晚都要吃安眠药才能入睡。担心会“药物成瘾”,我暗暗决定,今夜不管多晚,一定要等自己困顿之后再上床。

翻着卢梭的《社会契约论》(这本书虽然是世界名著,无奈自己才疏学浅,有些地方至今读不太懂。也因此读了几次,至今也未能读完。今天重读这本书,潜意识里或许希望通过这本书来帮助自己入眠),忽然有这样一段话映入眼帘:一旦法律丧失了力量,一切就都告绝望了;只要法律不再有力量,一切合法的东西也都不会再有力量。

说实话,读到这句话的那一刻,我似乎一下子来了“灵感”,觉得自己对《“聂树斌案”翻案渺茫》(《南方周末》2009 年 11 月 11 日,记者赵凌)一文有话要说。

这篇文章说,四年过去了,秘而不宣的“聂树斌案”复查,至今迷雾重重。而且,聂树斌案的真相,极有可能会随着聂树斌之死而永远死去。此前,还有来自最高法院的消息说,“聂树斌案”已被列为“重案之重”,最高法院已调派专人对全案进行再审审查。在这种背景下,包括笔者在内的不少人都期待并相信,此案的真相不久就要大白于天下了。

但是,现在看来,我们这些法律人真的是“很傻、很天真”了。

有人可能会问,“聂树斌案”一定是冤案吗?

---

* 作者为中国人民大学法学院副教授。

我真的无法给出肯定的结论。毕竟，我没有接触过“真凶”，也没有看到与此案相关的卷宗材料。我获得信息的来源也仅仅限于媒体。说实话，尽管媒体也可能出错，但我还是愿意相信媒体，其实也只能相信媒体。

媒体上说，聂树斌案已经出现了“真凶”，他的名字叫王书金。他承认，在石家庄西郊玉米地的那桩奸杀案是他干的。在上诉状中，他说：“我在2005年1月18日向河南省荥阳市索河路派出所供述自己在河北省犯罪过程中，包括石家庄西郊玉米地里强奸杀人的经过……对于这些河北广平县公安机关的警察进行了确认……警察还带领我对作案现场进行了指认，现场是凭着我对当时的记忆找到的。”虽然，王书金的供词确实有待于进一步查证，但是，从法律上来说，这并不影响聂树斌案的重新审判。因为，按照《刑事诉讼法》第204条的规定，当事人及其法定代理人、近亲属的申诉符合下列情形之一的，人民法院应当重新审判：(一)有新的证据证明原判决、裁定认定的事实确有错误的……

那么，为什么有关部门迟迟没有对此案进行重新审判呢？是因为对这一条规定的含义不能理解吗？显然不是。是因为王书金的供词不能证明原判决、裁定认定的事实确有错误吗？无疑也不是。合理的答案只能是，此案如果被认定是冤案，将会使河北地面上一些人的利益受到影响(其实想一想佘祥林案就很清楚了。在佘祥林案纠正之后，办理该案的相关人等受到了纠错专案组的调查，有消息说，一个潘姓警察由于压力过大还自杀身亡)。因此，河北的有关部门当然不希望此案得到纠正。也因此，一直关注此案的贺卫方教授才认为，处理聂树斌案可以有三种思路：一是由比河北省更高的机构来进行调查和审理，即最高法院、最高检察院，因为它们不大可能受到地方利益的钳制和约束；二是由最高法院指定另外一个省的司法机构来对案件进行全方位审理，这也可以保证中立；第三是根据宪法第71条，全国人大或全国人大常委会可以视情况必要成立特别委员会对特定事项进行调查并作出决议。

但是，现在看来，贺教授的这个建议被采纳的可能性已经越来越小，否则，持续关注此案的《南方周末》也不会发表这样一篇文章了。当然，万事难料，也许王书金的供词确实是假的，也许现在看似没有任何动静的有关部门不久就会

“司法为民”，将该案的真相告知世人。不过，我关注聂树斌案，不是为了就案论案，而是试图超越个案。

聂树斌案是否真的是一个冤案，作为局外人的我们似乎还无法“遽然下判”，但是，我们无疑可以结论说，它是一个非常极端的个案。它极端就极端在，一个被告人已经被执行死刑的案件，在十多年之后，居然出现了“真凶”；它极端就极端在，即使是出现了“真凶”，案件也没有进入再审程序（虽然，我一直认为，将错案的纠正依赖于“偶然”，根本就是靠不住的。但是，也常常和许多人一样，总是想当然地认为，在“真凶”落网的情况下，错案总该纠正了。然而，残酷的现实还是给了善良的人们沉重的一击）；它极端就极端在，即使是在包括《南方周末》在内的诸多媒体持续关注的情况下，也无法促使其进入再审程序（实际上，不是每一个错案，甚至可以说绝大多数错案，都不会有这样的运气——受到《南方周末》的关注，尤其是受到《南方周末》持续的关注。作为报纸，它们需要发行量，因此需要吸引读者眼球，它们需要有自己的关注点。而在目前的中国，能够吸引读者眼球的东西真是太多、太多了）。极端的个案，往往可以折射出我们这个国家冤案纠错体制所存在的一些难以根治的弊病——等待“青天”。似乎只有“青天”降临，才能“洗冤雪枉”。为了使冤案得以昭雪，一些在“法律系统”内已经绝望的人，不得不背井离乡、抛家舍业，采取一些被不少人认为是“极端”的行为。在一些传统戏曲中，常常可以看到这样的“极端”——含冤受屈者突然跪在了“下访”的青天大老爷轿前，泪流满面，状子高举，并吁请青天大老爷为其做主。最后，青天大老爷冲破重重阻力，最终还真帮他申了冤。了解中国法制史的人也都知道，在我国历史上，一些朝代为了加强对下级司法机关的检查监督，建立了所谓的“直诉”制度。大约从晋武帝时起，就开始在朝堂外悬置“登闻鼓”，允许百姓击鼓鸣冤，直接向中央申诉。到了明太祖朱元璋时期，不仅设立了登闻鼓，还设有专人来管理。一有冤民申诉，皇帝往往会亲自受理。官员如从中阻拦，一律重判。

时代走到今天，许多东西都变了。但是，有一些根深蒂固的东西，却坚如磐石，似乎一点都没有改变。就拿时下一些人维权的方式来看吧，过去是“拦轿”喊冤，现在，官老爷们不坐轿了，改坐车了，一些当事人在遍寻正义而不得的情况下，不也在“想方设法”以期能拦住一些高级领导的车吗？为了吸引媒体或者领导人的关注，实现维权的目的，一些信访者喜欢到北京天安门广场、中南海、外国驻华使馆、中央领导驻地和省市党政机关等非信访场所上访；也时常喜欢采取呼喊口号、打横幅、穿状衣、出示状纸、散发上访材料、静坐等被认为“扰乱公共秩序”的行为；甚至，还有一些群众竟然采取自伤、自残、自杀、跳楼等据说“容易造成公众心理恐慌”的极端手段。

那么，究竟是什么原因使得不少人要采取这样的极端方式去维权？我想，不仅是因为这种极端方式有时能——而不是常常，事实上在绝大多数情况下信访并不能——解决问题，而是因为，信访在很多情况下是解决问题的唯一出路。以聂树斌案为例，在真凶已经落网、媒体也已充分关注的背景下，案件迟迟不能进入程序，不上访，又能怎么办？我推测甚至断定，聂树斌的家人这几年来可能一直在上访，期待着青天降临，给他们正义的阳光雨露。只是，他们是否通过合法途径开展信访，是否被人认为是无理缠访、闹访，并认为他们影响了社会治安秩序和社会和谐稳定，我不得而知。

不过，在看到太原《关于依法处置信访活动违法行为的意见》(以下简称《意见》)和深圳《关于依法处理非正常上访行为的通知》(以下简称《通知》)之前，我并不为他们担心，现在，我隐隐地开始有些担心了。不仅为聂树斌的家人，也为其他的一些上访群众担心。因为，按照《意见》的规定，对于那些在北京天安门广场、中南海、外国驻华使馆、中央领导驻地和省市党政机关等非信访场所上访的，为制造影响到外国驻华使领馆和驻华机构实施“穿状衣”、“举标语”、“喊口号”的，以及违反《信访条例》组织、煽动集体上访、进京上访等违法行为，司法部门将进行依法处置，以维护社会的和谐稳定。而根据《通知》的要求，深圳开始对全市的信访秩序进行严格规范，14 种信访被认定为“非正常上访”，并对其行为的法律后果作了具体规定（据说，可在一次拘留后对非正常上访处以劳动教养）。

上述这两个地方的规定是否违宪和越权，我们暂且不论。或许，他们是被信访弄得焦头烂额，不得已才出此下策。但是，我还是担心，在社会矛盾错综复杂的今天，一味地采取“打压”的态度对待上访，并不是治本之策。虽然，不排除有一些“别有用心”的人企图通过上访获得非法利益，但是，毕竟有很多人，甚至可以说绝大多数人，他们上访反映的问题确实是有一定道理的。这些问题，有些没有能够在法律体制内得到及时解决，有些实际上根本就无法在法律框架下解决。通常情况下，他们之所以要坚持信访，是因为他们对党和政府还存有信任，对公平正义还心存期待。如果他们真的坚信“官官相护”、“天下乌鸦一般黑”，他们可能就放弃上访了。

其实，让那些信访者到北京天安门广场、中南海、外国驻华使馆、中央领导驻地上访，天也塌不下来（在我看来，一些人之所以要到这些“敏感”地区上访，目的并不是别的，只是为了让自己的利益诉求得到重视和解决）。让他们喊口号、打横幅、穿状衣、出示状纸、散发上访材料、静坐更无不可，对“公共秩序”并不会造成多大的扰乱。更何况，他们这样做总比他们做出一些伤人害己的“极端”行为要好得多！

认识到这一点，其实比纠正冤狱更重要，也是我写这篇短文的本意所在。不过在认识这一点之前，需要我们重新认识邓小平理论中的一个基本观点——“稳定压倒一切”。即，究竟什么是“稳定”？中国需要什么样的“稳定”？我们靠什么来保障中国真正的“稳定”？在“稳定”之外，是否还有更高的价值目标值得我们追求？我知道，回答这些问题，已经超出了自己的知识范围。然而，有一点似乎可以肯定，只靠对信访者的一些“极端”行为采取严厉打击，恐怕是不行的。

夜深了，困意袭来……

我赶紧关闭电脑，爬到床上。

但愿今夜能睡个好觉。

洋人的信访

许章润 *

欧中坦教授是美国人，汉学家，中文说得挺溜。他研究帝制中国的法律传统，这次来清华法学院讲“清代的京控”。作者二十来年前著有同名论文，汉译也早已印行国中，理述的是清朝政府如何应付“上访”的故事。当其时，冤民载道，上京登闻，千里迢迢，绵延不绝，头疼呢！

据作者相告，他在上个世纪80年代初，曾给邓小平先生两度上书，虽不曾“上访”，也算是一种“信访”，是深具中国特色的。

那一年，作者环游华夏，因为隆眉深目，持美利坚护照，例属“外宾”，因而住宾馆、受礼待。踪迹所至，不论行坐，外宾处处优先，国人屏退另册，是当时国朝规例，普天之下，唯此为大。例如，软卧车厢只有“高干”和“外宾”享有，一般百姓，哪怕是身怀六甲的孕妇，也只能去挤硬座，在沙丁鱼罐头一般的熙攘中体验人民当家做主的豪迈。资源短缺的时代，身份，梅因说的那个身份，于是通灵。因而，即便同在宾馆，外宾和国宾，膳宿分处两室，礼数和待遇随之不同。换言之，外宾宴饮之所，竭尽奢华所能，而国人不得入内。以他当时的经历来看，同时参加一个学术会议，中国的专家，不论档位，哪怕年高德劭，早已是愣头青汉学家的师爷爷，可膳宿照例皆减一等。譬如，外宾住星级酒店，他们只好蜗居招待所；外宾得奉宴飧，他们一律八人一桌，“吃会议伙食”。最让他难以接受的，是他和一位受人尊敬的史学家一路畅谈，信步来到餐厅，后者却被蛮横拦下，警告无权进入，不仅因为面孔颜色不对，而且因为是中国公民。

这老外看不惯，上书最高领导人，纳闷为何当年帝国主义在华设租界、立禁

* 作者为清华大学法学院教授。

示,欺凌"支那蛮",今日中国人竟也自己羞辱自己。他年纪轻,不明白自己算老几,把在祖国办事的招数用到了我大唐,自讨没趣。

通常情形下,洋人出面,国朝多有善待,"外事无小事"嘛,尽管可能受委屈的是自家的国民。如此这般,但凡事涉洋人,反而好办,成为"从此站起来了"的共和国的盛世景观。榜样的力量是无穷的,赤县神州,几乎人人以攀洋为荣,不少原本普通一员的洋人在自己的祖国形同瘪三,反倒在这异国他乡找到了尊贵的感觉,连带着那叫做"华侨"的黄面孔,也位尊一等,甚至于颐指气使。君不见,曾几何时,通衢里巷,"鸟语"如雷,生怕别人不知道他或者她来自何方。可是,这一回,没人答理这姓欧的,也没人追究他,这信便如石沉大海——朋友,你让老人家怎么回应嘛?

转瞬又一年,慕名往西安,一睹兵马俑为快。古都,夏日炎炎,排队的长龙曝晒于光天化日,人人汗流浃背,蒙袂辑屦。但是与此同时,那边厢,另有外宾专用通道和休息室,配备空调和冷饮,以示礼仪之邦的风范——那年月,中国还没走到今天这般和谐社会的地步,空调可是个奢侈的物件呀,普通百姓顶多只在字纸上看见过!眼看着外面的中国人民,特别是哑哑稚童,正在与天斗、与地斗、与太阳光辉斗,这老外看不惯,辗转难眠,再次奋笔疾书,又"信访"了一回。

结果,当然还是没人理他,那信如脱手飞向空宇的气球,满载着放飞者的梦想,生灭由天。

我们都是那个年代的过来人,凡此现象,太阳之下上演的一幕幕,文绉绉的表达叫做"自我殖民地化",或者什么"反向的殖民化",早已见惯不惊,更无"信访"的冲动。顶多一时控制不住,猛地觉得忽然有些愤懑了而已,免不了起了用脚投票的冲动罢了。如今回想,虽说依然愤愤,可又觉得那也多少是不得已,如同太阳要落就落,爱晚心情无法让它凝固不动。一时间,这愤愤竟没了着落,唯独剩下了仓皇。

是呀,经历多了,屡遭凌辱,竟至会麻木的。笔者当年流落番邦,亲见在欧洲上国,我驻外使馆,巍峨画堂,本地洋人径入大厅,华人则一律逶迤于侧,露天排队办理手续,而且,还要随时承受指指戳戳,洗耳恭听雷霆教训。可怜我华族,来到家门，人人激切趋前，事了未了，个个冤屈退后，叹气摇头，把眼泪往肚里咽。上个世纪 90 年代中后期，辗转大洋洲，亲见中国领事馆的绝大多数外交官英语不超出“你好”、“再见”之类，上班时刻，穿拖鞋、叼烟卷，待答不理，夹插训斥，天天上演“官衙做派”的活报剧，一种久违了的熟悉情景，一时间竟然面赤心跳，手足无措。那时节，华人圈子里流传着一个玩笑，说的是，如果你想体验一回时间隧道，了解“过去”叫做什么，那就去中国领馆办事吧！不用急，跨槛进门，一下子就回到了“过去”，实现自“现代”一步跨入“前现代”的华丽转身。

华夷有别，这是帝国心绪，而“官衙做派”，透露的则是官民的分野，是“官”对于“民”的鄙夷和蔑视，也是“民”相对于“官”的渺小和无奈。难怪许多年里，大家爱国激情高涨，都想移民到国外去“爱国”呢！如同今日“中国崛起”，钱途光明，许多二三十年前移居他乡的“爱国华侨”，又纷纷落叶归根、报效祖国，并且由衷感慨中国体制举世无双，最为优良。

是啊，人本自然之子，即是自由的个体，天生地养，哪一方水土不堪寄居，哪一处山河不是故乡，哪一座房舍不能当做家园！退一万步，即便这自由个体命定必有祖国，可身为公民，早已天赋人权，径可经由文化选择和政治选择，安顿一己身心，不劳他人置喙。其情其形，直如诗人所咏：“太阳是他自己的头，野花是她自己的诗。”

可是，夏雷冬雪，斗转星移，即便改换门庭，怀揣绿卡，得享“民主法制”，喜洋洋、美滋滋，怕也终究意难平。此时此刻，你尽管可以“我在哪里，祖国就在哪里”慰藉一己，可引颈回身，海疆万里，那一份牵挂、那一腔萦念，往哪里安放？又如何安放得了?!

毕竟，还是如诗人所咏，太阳是野花的头，野花是太阳的诗。他们只有一颗心，带火来，上山来，虽然……

不禁想起，中亚内乱，祖国连续派出专机撤侨。播音员语调平常，大家围坐电视机前，凝神屏息，心系万里，人人热泪长流。

两起案件两重天

季美君 *

2010 年北京的夏天特别闷热。数天前，我趁年休假期间回了老家一趟，看着哥哥嫂子他们与泥水匠、小工一起，天天在烈日下整修两间街面房的情景，情不自禁地想起购买这两间房子的曲折经历，想起为此事在老家法院提起诉讼而最终“撤诉”的那场至今令人难解其理的官司。

该案的简要案情是：嫂子和哥哥为了养老，一直想在老家的小镇上买两间街面房，楼下可以开店，楼上可以住人。2007 年 11 月，街头供销社原职工（都已改制）因生活急需用钱，欲转让股份（一份股份对应着半间房子的所有权，十份股份为一个小组，对应的五间房子明确固定）。在嫂子舅舅（街头供销社原职工）的帮忙下，嫂子以每股 7.8 万元买了 4 股，相当于两间房子。一次性交完钱签订转让协议拿到 4 本股权证后，嫂子在其舅舅的陪同下找供销社负责人（当地叫董事长）签字（街头供销社多年来转让股份的习惯做法是，小组讨论同意转让后，在形式上经董事长在股权证上签字）。出乎意料的是，董事长一再找借口不肯签字。

据了解，董事长的说法是，这个小组里有人（王某）想购买这 4 股股份，只是不愿意出这么高的价格而已。事实上，根据供销社转让股权的惯例，这个小组的所有成员曾在 11 月初召开了一个小组会议，定下转让的价格，但王某表态说 7 万元以上不要，同等价格她要。会议上，小组组长还跟王某说：“会议结束后，你要是想买的话，就跟我打个招呼。”但此后，王某一直没跟组长说自己要买。嫂子舅舅与 4 位股东协商后，4 位股东以每股 7.8 万元的价格，把各自的股权转让给

* 作者为最高人民检察院检察理论研究所副研究员。

嫂子。

嫂子一直想通过协商方式解决签字问题，毕竟自己将一辈子的积蓄都拿出来买这两间房子，还借了不少高利贷和朋友的钱。2008年年初，我回老家过年，曾帮着嫂子去协商此事，但无果。当年四月，我先生清明节回老家时，又找人从中调解。在调解中，嫂子说自己买这两间房子是为了自己养老之用。王某也声称自己买这两间房子是自用。有了自用这样的前提，嫂子答应原价转让给王某，除了适当的利息。嫂子提出的唯一条件是：5年内不得以任何形式出租或转卖。结果，在协议签订的最后一刻，王某不干了——这说明，王某说买房子自用，只不过是说说而已，实际上是用自己的名义替别人买房子（另外的买主与嫂子一样，都不是供销社职工）。为了维护嫂子的合法权益，4位股东在把股份出让给嫂子的时候，不但与嫂子签订了房屋转让协议，还写了一份全权委托书给嫂子，授权嫂子全权处理股份所涉及的相关事宜，直至股份所对应的房屋分割到个人。

2008年6月中旬，这是股权对应房屋收房租的日子。让人难以容忍的是，供销社董事长竟然将本该属于我嫂子的租金全部收走，让嫂子拿不到一分钱。忍无可忍之下，我替嫂子撰写了一纸诉状，将董事长告上法庭，诉讼请求为：归还租金及利息；在已转让的股权证上签字盖章。

立案时，我担心自己对民事诉讼不太熟悉而将诉状写得不太地道，特意请在法院工作多年的朋友帮着把关。与2006年年底在杭州某区法院为家弟的货运押金一事立案难相比（见《立案咋就这么难》，载《法学家茶座》第24期），立案关倒是顺利地过了。

案件一起诉，董事长马上叫王某把租金送到4位股东手里，并让他们把写收据的时间提前。这样，嫂子的第一个诉讼请求，因为归还房租实际履行完毕而被“架空”，董事长的答辩状只就不肯签字的理由，提出小组内的王某享有优先购买权，证据是公司的章程和公司法中关于股份有限责任公司股权转让的相关条款。

王某是否存在优先购买权？这就成了此案的关键。庭审时，我方申请法庭同意包括小组长在内的4位原股东出庭作证（其中两位股东已经到庭，但因没带身份证而未能作证,原因是法院没有提醒他们出庭作证要带身份证)。两位股东的证言,一方面证明王某的优先购买权已不存在(股份转让的价格远高于王某的出价,有小组会记录为证),同时也证明供销社股份转让的习惯做法虽然存在诸多不规范因素,但其章程规定应由小组会决定是否转让,董事长协助办理有关手续,只在形式上签字盖章而已。

应该说,被告董事长在法庭上的表现基本是实事求是的。第一,审案法官问他改制后供销社的性质,他说"不清楚"——不但董事长不清楚,就是我这个学习法律的人,上网查了老半天资料,包括公司法,包括最高人民法院的司法解释,包括供销总社的相关文件,也没能搞清楚这供销社改制后到底是"什么性质"。第二,对于供销社股份的转让程序,董事长比较客观地认同作证股东的意见。对于法官就供销社股份转让"以前有没有书面通知过供销社全体股东"的问题,董事长实事求是地回答"从来没有"。

基于庭审所确认的证据,我方表示尊重供销社股份转让的向来惯例。同时我方要求,只要我们按照这个惯例做了,我方的受让股份行为就合法有效,我方的合法权益就应该得到法律的保护。当时,无论是参加庭审的人,还是旁听的人,都认为这场官司于法于理,我方都是赢定了。

出人意料的是,第二天早上,身在北京的我接到老家法官打来的电话。法官在电话里说,要按照法律有关股份有限责任公司对外转让股权的规定,来套用本案的转让程序问题,认为嫂子与股东之间的转让程序不合法,建议我方撤诉。初听这话,我还真有点转不过弯来,继而想想,又觉得好笑,法官怎么好意思拿正儿八经的股份有限责任公司条款"套用"老百姓之间的转让行为呢?再说,街头供销社改制后虽取名为股份制企业,但其实质只是把其原有的房屋,按一份对应半间房子的"股份"形式分给供销社的职工而已。而供销社职工,早就各自"打道回府",各做各的事情去了。

放下电话,我越想越觉得不对劲,再上网查阅有关股份制公司的论文,其中有多年审理集体企业改制为股份制企业相关案件的法官的经验之谈,后又与法官进行电话沟通,并就此案的几个核心问题写成一份材料呈现给法官。这份材料的大致内容如下：

一、关于法律适用问题。

因股权转让是一个非常复杂的问题，首先，股权所代表的内容和行使的权利形式多种多样，从不同的标准和角度来分，股权可以分为不同的类别。如根据股权的内容和行使的目的，股权可分为自益权与共益权；根据股权的行使方式，股权可分为单独股东权与少数股东权；根据股权的性质，股权可分为固有权与非固有权；根据股权享有的主体，股权可分为普通股东权与特别股东权，等等。其次，股权转让的形式也五花八门，可以分为普通转让与特殊转让、内部转让和外部转让、全部转让与部分转让、约定转让与法定转让等。因此，在审理此类案件时，应根据案件的具体情况，同时适用《民法通则》、《合同法》和《公司法》中的相关规定。

从本案来看，案件所涉及的街头供销合作社是一个由集体合作企业改制的所谓股份有限公司，从其章程和实质来看，并不具备《公司法》关于股份有限公司的条件，可以说是有其名无其实，这一点庭审中已经得到证实，如其组织机构根本就不完善甚至就是不存在，它既不从事任何生产活动，也没有供销社原有的经营活动，它只是在改制后将供销社所拥有的房屋按股份形式进行划分而已。供销社职工都已自谋出路，有的回家种田做农民，有的自己开店营生，既没有"人合"的内容，也没有"资合"的实质。这些年来，绝大部分职工的股权都已经转让，其中有相当数量都是转让给社会上的人（供销社职工之外的人），甚至连董事长本人所持的股权也已转让给他人。因此，在审理此案时，我方认为不应套用《公司法》关于股份有限公司的具体条款，如股份转让必须就转让事项书面通知其他所有股东，并经半数以上股东同意才方有效，而应从民事活动是否公平、合理、诚实信用的角度来看待这一问题。该案的审理应同时适用《民法通则》、《合同法》和《公司法》相关规定，尤其是《民法通则》中的诚实信用原则。

二、是否需要半数以上股东同意并书面告知问题。

从上述所阐述的街头供销合作社的实质来看，该社职工在转让股权前的告知阶段，既不会也不可能遵循《公司法》有关股份有限公司向外转让股权时要求的程序要件。事实上，已经转让的股东们从来就没有经过半数以上股东的同意并以书面形式告知。在很多情况下，只要双方合意，一方交钱一方交股权证即可，有的甚至连转让协议都没有签，这是身为老百姓做事的通常做法。因供销社本身就是有名无实的股份有限公司，从职工们所持有的股权属于自益权、单独股权和普通股权的性质来看，根据《合同法》第四条规定，他们有权按照自己的意思，为了自己的利益进行转让，而且其转让时的程序即便与股份有限公司规定的并不一致，看起来似乎不那么规范，也不应认定是违法无效。

此案中，4位股东按照供销社职工向来的惯例即习惯程序进行转让，先是召开小组会议宣布自己要转让股权，并特意征询最有可能购买股份的王某是否愿意购买，并告知如有意购买，事后可打电话告知小组长。从这些程序来看，4位股东在转让股权前已遵循了股权向外转让须遵守的必要程序，并没有损害组内人员王某的权益，还做到了仁至义尽，自然不应认定违法。另外，本案被告也未对转让程序提出任何异议，别的股东在近一年后也没提出任何异议，因为这些股东之间已不存在任何形式的合作。法律之所以要规定正儿八经的股份有限公司转让股权时要书面告知并经半数以上股东同意，是以人们之间的信任为基础的合作关系，而这种合作关系在街头供销社的股东之间早已不存在。既然大家都没异议，而且原被告双方也合意认可这样的做法，审案的法官就不应也无权（原被告双方都没有就街头供销社的“性质问题”提出异议，按照不告不理原则，法院对此事项主动进行审查，其行为的合法性本身就值得质疑）硬是套用转让程序上的相关规定，要求百姓做事的程序必须一板一眼地按照法律来才算合法，才算符合法律规定。对于民事案件，法院只是居中裁判而已。怎么裁判，关键是看各方提供的证据所能证明的事实，哪方更加合情合理合法。

三、股权转让协议的效力问题。

原告与四位股东签订的股权转让协议是否有效，除了上述所说的程序不违法外，还要看被告在答辩状中提到的供销社股东王某的优先购买权是否已经消失，这正是本案的争议焦点。为了证明王某的优先购买权已经消失，原告提供了当时参加小组会议的两位股东的证人证言（本有四位，但因送传票的工作人员未告知证人出庭作证须带身份证，有两位证人因没带身份证到了法庭却无法作证）以及有6位会议参加人员签字的事实说明（出席小组会议的共8人），这些证据已足以证明王某的优先购买权已经消失。因为民事案件的证据并不要求证明某事已百分之百地发生，而是只要证明发生的可能性大于不发生的可能性就行。从民事案件采用的是优势证明标准来看，我方提供的证据已足以证明我方主张的协议是合法有效的事实。因此，无论从转让程序上看，还是从证据角度来看，这一股权转让协议都是有效的。

四、关于被告的主体资格问题。

被告虽为街头供销合作社的董事长，但他在本案中所表现出来的行为，并不是以董事长名义从事的职权行为，如其将擅自收走的租金以其个人名义存入银行等，因此，其意思表示并不代表整个供销社的意见，我方起诉其行为侵害了我方的合法权益，故以其个人作为被告起诉也未尝不可。我方提出的诉讼请求是请求法院判令被告归还一年的租金及利息，并在已转让的股权证上签字盖章，并没有请求法院确认我方与原4位股东的协议是否有效，故收取的50元诉讼费也是合法的。董事长在已转让的股权证上签字只是股权房屋转让程序上的一个小小环节而已，如果我们赢了这场官司，而被告仍不签字，那有判决书作为依据，也可以让被告知道自己的行为是得不到法律保护的，也许他就不会像以前那样以董事长身份，随意地左右街头供销社职工的股份转让事宜——这也是我们经过深思熟虑后，以这种方式提起诉讼的重要目的之一。

在寄走材料之后，我觉得案件事实在庭审时法官已了解得一清二楚，对法律的适用和股权房屋转让协议的有效性问题，我方也表明了自己的看法及理由。有意思的是，几个月过去了，等到简易审的审案期限快到时，法官却又来电话催我方撤诉，还说我方提供的证据不够充分，并认为应根据供销社登记的性质——股权制企业，适用《公司法》相关规定，法院无权改变公司的性质。我方则认为应根据供销社的实质及案件的事实来适用合适的法律，在此案中应适用《民法通则》中公平合理的原则来审理，至于证据，只要我方提供的证据所证明的事实更加可信，更具优势，就应该判我方胜诉。

在与法官沟通时，我还举了我曾代理的在杭州某区法院审理的家弟起诉的案子。这起案子涉及杭州某厂拒不退还家弟的一万元货运押金一事。弟媳妇觉得这样一家大厂欺负老百姓太过分了，经多次协商，对方非但不退还押金，还企图动手殴打前去催讨押金的弟弟。忍无可忍之下，我们起诉到杭州某区法院。起诉后，对方在答辩中说我们主体不符，无权要回这笔钱。事实上，家弟在与杭州某厂签订委托运输协议时，为做生意方便，起了一个上海某货运有限责任公司驻杭办事处的名字，并以此名义签了协议，交了一万元货运押金。但上海的这家货运公司从来就没有在杭州设过办事处，协议上也没盖过“办事处”的公章，从头至尾都是家弟在履行协议，押金也是家弟交给对方的，家弟手中还持有交押金的原始收据。可被告方在庭审时一再强调，自己所收到的是办事处的钱，钱要退还给办事处，之所以过了近两年没退（我们在时效将过的前一天立案成功），是因为办事处一直没来要。嫂子案的审理法官说，要是她审理此案，家弟是不可能要回押金的——因为签订协议的是“驻杭办事处”，交押金的也是“驻杭办事处”。审案法官这么一说，我终于明白嫂子一案，以她的办案思路，是不可能从真正的法治理念层次来理解这起案件，并根据双方所提供的证据作出合情合理合法的判决的。所幸的是，在杭州某区法院，我们遇到了一位法律水平相当不错，能真正理解法律公平精神的法官，他能根据案件的事实而不是签订协议时的“名义”判家弟胜诉。其撰写的判决书说理透彻、有理有据、逻辑性强，让多年来一直从事法学研究工作常写论文的我，也不得不佩服其水平！被告杭州某厂将案件上诉到杭州市中级法院后，杭州市中级法院那位年轻的女法官，在庭审时三言两语就把案件事实问得一清二楚，最后仍维持原判。

同是基层法院，法官对法律的理解和适用，其差别竟如此悬殊，让人惊诧不已！这自然不仅仅是因为第一个案件的赢和第二个案件的输，让我不得不思考的是：法官在审理具体案件适用法律时，究竟是应该死板硬套地适用现成的法律条文，还是应该从公平正义的法律精神出发，根据案件事实灵活地适用法律条文，让判决的结果既合法，又合情合理？

无奈之下，嫂子只好在审理期限到期的前一天撤诉。事后她一再向我提出这样的疑问:与其他人一样花钱买的股份,明明自己有理,为何法院就是不支持？这场官司没赢,她实在有点想不通。事实上,不光是像嫂子和原股东这样的老百姓想不通,为什么法律(不！应该是审案的法官)保护无理方而不保护有理方,就是学法律出身的先生和我,也觉得此案“输”得有些莫名其妙。搞不清楚是我们的法律思维出了问题,还是审案法官的审案思路出了问题,还是中国的法治现状本来就如此。

有意思的是,在电话沟通中,审案法官说从庭审了解的事实来看,确实是我方有理,但在转让程序上她却坚持要套用股份责任公司的相关规定,而不同意适用诚实信用的民法基本原则。从审案法官那里我还了解到,即便从简易程序转成普通程序,组成合议庭重新审理这起案子,法庭庭长所持的也是一样的看法——结果还是一样。事后才得知,审案法官是按照庭长的意见处理这起案子的。

嫂子撤诉后,无理取闹方从实质上赢得了这场官司,由此在当地扬言要让嫂子买股份的这三十多万元钱“晾一晾”(意思是白花钱)。两年多来,嫂子一面要时不时地“享受”着对方(与嫂子是邻居)的冷言冷语,一面为自己的生计操碎了心。看着嫂子一头黑发渐渐变白,我们也是无奈。我们只能是一面保持着克制,一面好言好语地宽慰嫂子——等房屋出租期限到时,再一次性解决,别着急。

2010 年 6 月底,房屋的出租期限到了。吸取上次打官司“莫名其妙”不能胜诉的教训,我们采取民间调处的方式解决。虽然中间也有一些波折,但最后,嫂子总算如愿以偿地拿到了几年前就该拿到的房子。嫂子快乐地忙碌着装修房子,而我,在为嫂子高兴的同时,心头却难以平抚一些本没有过的隐忧——像我们这样学法律并且从事法律工作的人,最终都会绕开法律、避开法院办事,老百姓对法律还能有几分信心？至此,我想起了苏力教授在一次讲座中说过的一句话:“法律是解决纠纷的最后一道程序,但不一定是最公平的解决方法。”

民间调查机构何以生存与发展?

谭世贵 *

世界上第一家职业私人侦探所由法郎西斯·维克多于1834年在法国巴黎创立;1850年阿伦·平克顿在芝加哥挂出了美国第一家私人侦探社的招牌。此后,各国开始出现众多的私人侦探公司。20世纪60年代以来,私人侦探的发展主要表现在规模的扩大和专业化的加强上。随着业务领域的拓展,私人侦探的分工越来越细化,囊括了刑事案件、民事案件以及财产、婚姻、商事、企业、公司等事务的调查取证工作。实践证明,私人侦探制度的实行,不仅有利于实现诉讼当事人地位平等或控辩平衡,能够有效地节省司法资源,提高司法效率,而且有利于保护公民个人的合法权利,维护社会秩序与市场经济秩序。笔者以为,随着我国经济社会的发展和政府职能的转变,应当借鉴国外的成功经验,通过立法允许设立民间调查机构(而非完全照搬国外的私人侦探制度)。

改革开放尤其是实行市场经济以来,我国的民间调查业迅速发展。据不完全统计,截至去年底,我国已有调查类企业或机构(调查公司、咨询公司、信息公司、经纪公司、猎头公司、保安公司、危机管理公司等)3万多家,其中合法注册的调查公司超过3000家,从业人员达到20多万。在上述各类企业、公司中,有相当部分已经过工商登记注册,取得了营业执照。这些调查机构的成立及其调查取证业务均符合工商管理法律法规的要求,具备了合法的地位。通过立法形式对所有的民间调查机构加以规范,确定其权利和义务,明确其法律责任,无疑有利于将民间调查纳入法治的轨道,保障民间调查机构开展业务活动的合法性。实际上,我国在婚姻、财产状况、债权债务等民事领域已大量存在当事人委托民间

* 作者为浙江工商大学法学院教授。

调查机构进行调查取证的现象，对此最好的办法是进行规范，加强管理，那种动辄禁止和取缔的做法是不明智的。

随着经济社会的快速发展，国家资源有限、政府能力不足的问题日益突出。以打假为例，根据“中国侦查网”的一项统计数据显示，我国每年因为产品质量低劣和制假售假造成的直接损失达到了2000多亿元。面对如此猖獗的造假、制假行业，相关行政部门由于人力、物力、财力等客观条件的限制，不可能经常组织进行专门的、大规模的打假执法活动，而那些有限的打假活动对于众多企业的打假需求而言只能是杯水车薪。由是，我国大部分知名企业内部均设有专门的打假机构或者请专人负责打假。据有关网络报道，宝洁公司每年的打假费用在3000万元左右；武汉丝宝集团的打假费用为每年1000万元；厦门万利达公司的费用为每年300万元。从现阶段的实践来看，在政府部门承担打假的证据调查责任的同时，可以将这一专业性要求极强、成本极高的职责部分转由专业的民间调查公司来行使。这样，不仅可以起到维护市场经济秩序的作用，而且还可以减轻政府的负担，缓和政府与企业之间的矛盾。

大名鼎鼎的福尔摩斯就是一个私人侦探

在民事诉讼领域，自20世纪80年代末以来，为解决案件大量增加、审判人员不足的问题，以及维护审判人员的中立、公正地位，我国各级人民法院进行了民事审判方式改革，强化当事人的举证责任，即“把过去由法院包揽调查收集证据的习惯做法，改变为主要由当事人举证”；强化庭审功能，要求

"证据摆在法庭,有理讲在法庭,质证在法庭,认证在法庭";强化合议庭和独任审判员的职责,要求尽可能做到"当庭认证,当庭宣判",并具体说明认证和判决的理由。在刑事诉讼领域,1996年修订后的《刑事诉讼法》第170条第(三)项规定了公诉转自诉制度,即:被害人有证据证明对被告人侵犯自己人身、财产权利的行为应当依法追究刑事责任,而公安机关或者人民检察院不予追究被告人刑事责任的,被害人可以向人民法院提起自诉。而实践中,被害人提起自诉遇到的最大困难就是缺乏证据。另一方面,在公诉案件中,律师遭遇了"会见难、取证难、阅卷难"的问题。由于这"三难"问题长期得不到解决,使得律师难以为犯罪嫌疑人、被告人进行有效辩护,控辩平衡更是无从实现。由此可见,无论在民事诉讼领域还是刑事诉讼领域,当事人或其聘请的律师囿于自身的条件或技术手段,都难以获取相关证据,这就需要专业调查机构和调查人员的支持和帮助。而民间调查机构的建立恰好可以发挥这样的作用。这是因为:律师享有的权利属于"私权"而非"公权",不具有专属性,因而可以委托民间调查机构行使;律师是法律专业人员,而非专业调查人员,而民间调查机构的专业调查人员具有丰富的调查经验、先进的调查设备和专门的调查手段,因而委托其调查取证比律师自己亲自进行调查取证,往往更能获取有用的证据和提高调查的效率。

1995年3月最高人民法院在《关于未经对方当事人同意私自录音取得的资料能否作为证据使用问题的批复》中指出,未经对方当事人同意私自录制其谈话,系不合法行为,以这种手段取得的录音资料,不能作为证据使用。由此,在此后的一段时间里,"偷拍、偷录"作为典型的非法证据被禁止使用。但审判实践证明,这一批复确定的民事证据标准过于严苛,实践中一方当事人同意对方当事人录制其谈话的情形极为罕见,继续执行这个批复,将使当事人无法取得有效的证据,从而其合法权益将难以得到保护。为此,最高人民法院在2001年12月颁布的《关于民事诉讼证据的若干规定》中对上述批复作了修改,其第68条规定:"以侵害他人合法权益或者违反法律禁止性规定的方法取得的证据,不能作为认定案件事实的依据。"据此,只要当事人或其代理人不是以侵害他人合法权益或者违反法律禁止性规定的方法(如侵入他人住宅、泄露他人隐私等)取得的证据,均可以作为认定案件事实的依据。因而,对于未经过对方当事人同意偷录、偷拍的证据,只要未侵害其合法权益或者违反法律禁止性规定,就可以被法院采信。最高人民法院对民事证据标准认识的转变,不仅拓宽了当事人调查收集证据的渠道,而且实际上也认可了民间调查机构所收集证据的可采性,从而在客观上为民事调查机构提供了生存的空间。

当然,在允许设立民间调查机构的同时,应当制定相关行政法规和规章(待条件成熟时再制定法律),对民间调查机构的性质、设置、管理体制、调查人员资格、业务范围、活动原则、权利义务、法律责任等作出具体明确的规定,以保障民间调查活动的有序进行,促进民间调查业的健康发展。笔者认为,根据民间调查的性质,并参照律师事务所的设置与管理体制,民间调查机构应称为"调查事务所"(而不宜称为"公司"),并由公安部和省、市公安机关进行管理,包括:民间调查机构的设置和调查人员执业资格的取得,由省级公安机关审批;民间调查机构的年检和调查人员的培训、年度考核,以及民间调查机构和调查人员违法执业的处罚等,由省级或地市级公安机关负责进行,等等。

新中国成立后的一段时间里，国人曾经将律师和律师事务所视为洪水猛兽,认为律师辩护是为阶级敌人说话,专门与党和政府作对,但随着律师作用的发挥,人们的认识发生了转变,今天的律师已成为维护当事人合法权益、维护社会公平正义的法律使者。其实对于新生事物,人们都有一个从不理解到理解、从不接受到接受的过程。笔者相信,对民间调查员和民间调查机构的认识也一定会经历这样一个过程,但愿这个过程不需要花费太长的时间。

蚁族呼唤符合穷人利益的经济增长

汤啸天 *

蚁族是继农民、农民工、下岗工人之后，出现在中国的又一弱势群体——大学毕业生聚居群体。之所以把这个群体形象地称为“蚁族”，是因为该群体具有诸多同蚂蚁类似的特点，如高智商、群居态、个体弱小等。当前更为值得关注的是，当蚂蚁已经聚居成“族”时，政府应当做什么？

大学毕业生怀揣梦想进入大城市“寻梦”，由于找不到工作或者一直没有找到理想的工作，呈现为“噩梦初醒”或者“噩梦未醒”的状态。英国圣安德鲁斯大学研究群体行为的社会心理学家斯提芬·里切尔认为：“在许多情况下，通过群体聚集表达看法就是解决问题的办法。”在一般情况下，蚁族对正常的社会秩序不会产生太多的影响。但是，蚁族一旦出现局部的冲突行为或者遇到某种具有“火星”作用的触发因素，就可能在瞬间变成起火的“干柴”。蚁族作为受过高等教育，又恰恰在社会底层打拼的年轻人，具有就业不稳定、收入不稳定、居所不稳定、心态不稳定的特征，而唯一稳定的是在互联网空间的生活与生存，其人际联络方式、情感表达方式、行动动员方式已经完全超越了传统。加之蚁族收入偏低、生活窘困，聚集于同类人群之中，内心的积郁很难得到排解，特别容易成为突发事件的“起爆点”。

值得欣喜的是，近期有关部门已经提出“必须紧紧抓住影响社会和谐稳定的源头性、根本性、基础性问题，深入推进社会矛盾化解、社会管理创新、公正廉洁执法三项重点工作”。为此，必须搞清楚影响我国社会和谐稳定的源头性、根本性、基础性问题是什么。当前，党的领导方式和执政方式的改进虽有一定进

* 作者为上海政法学院发展规划处处长。

步，但还有很多地方不符合、不适应落实科学发展观的要求，人民群众日益增长的物质文化需求同政府公共产品供给能力之间的差距已经成为当前社会的主要矛盾。回顾我国社会主义建设的主要历史教训，一是没有集中力量发展经济，二是没有切实建设民主政治。现在的问题主要是民主政治建设的滞后，一方面是社会财富总量明显增大，多数财富集中到了少数人手里；另一方面是社会的安宁稳定日显脆弱，陷入了越维稳越不稳的怪圈。由于未能以批评和自我批评的武器化解社会矛盾，社会管理的创新力度不足，公正廉洁执法的不到位，使得提高执政能力、转变政府职能的不足明显地集中到与人民群众基本民生问题密切相关的环节。这才是影响我国社会和谐稳定的源头性、根本性、基础性问题。如果继续以陈旧的观念指导维稳工作，无疑是把越来越多的低收入人群当做假想敌，而低收入人群又在不断地扩大之中。

以迁徙自由为例，这是现代社会公民应当享有的一项基本人权，当今世界多数国家的宪法均以明文对公民迁徙自由权作出确认。我国的户籍制度改革方案至今还未出台，蚁族实际上是在用自己的行动倒逼户籍制度的改革和社会保障的健全。从实践的角度看，现有户籍制度能够限制的只是低收入人群，如果自身收入丰厚，“不要户口”是依然可以做到生活无忧的。因此，现行限制迁徙自由的法律和政策实际上只是对低收入人群起到了限制作用。户籍制度改革启动得越晚对低收入人群越不利。蚁族、农民工就是期待户籍制度改革心情最为迫切的群体。为此，在外来人口聚居的区域，政府至少应当做好以下“两手抓”：一是大力开发租赁价格较低但生活设施齐全的“人才公寓”、“新市民公寓”，尽可能改善蚁族等外来人口的生活环境；二是明确用工单位必须为外来人口提供符合标准的住宿条件，如果用工单位不能提供达标的住宿，则必须另行出资为雇佣的员工租赁“新市民公寓”。毫无疑问，这样做的结果会增加企业用工成本，造成GDP增长速度的减缓。但是，这对政府而言是必须履行的社会服务职能。保证穷人有工做、有饭吃、有衣穿、有房住，工资性收入不断增加，社会保障体系不断完善，才能是当之无愧的人民政府。符合穷人利益的经济增长不会自然形成，企业不可能自觉关心经济增长对谁有利。就政府而言，符合穷人利益的经济增长与对经济高增长的盲目追求,两者不可兼得。

有资料表明,从1999年至2006年,俄罗斯的GDP年均增长速度约6%,经济总量增加了70%。然而,俄罗斯的工资和人均收支却增加了500%,扣除通胀后,人均收入实际的增长,超过了200%。另一个方面,就是俄罗斯联邦和各联邦主体、地方政府,将三分之一的财政支出,用于教育、医疗、救济等社会领域。而长期以来,我国经济以每年接近10%的速度增长,但13亿人口中最贫穷的10%人群实际收入却下降了2.4%。2009年4月17日,世界银行专家在关于俄罗斯经济状况的报告中指出,俄罗斯经济增长是符合穷人利益的经济增长。看来,我国不能沉浸于持续高增长的兴奋之中,一定要审视我国的经济增长是否属于符合穷人利益的经济增长,冷静地想一想在财富总量高速增加的背后,是否掩盖了"钱集中到少数人手里"的矛盾。特别是,目前我国讨论改变经济增长方式的言论很多,围绕的重点集中于环境与资源的保护。现在看来,有必要提出端正经济增长功能的问题,即经济增长是为了"富人更富有"还是"穷人不再穷"。对一具有13亿人口且有部分人口尚未脱贫的大国来说,取得符合穷人利益的经济增长比维持高增长的持续更为重要。把话说白了,维持经济高增长的持续是政绩工程,符合穷人利益的经济增长是民心工程。两者的差别是为什么发展经济。

"北漂"小伙的蛋形蜗居,再次提醒人们关注蚁族的生存状态

社会风险理论认为,社会风险首先在社会底层积聚,制造风险的人迟早要遭受风险。这里,有必要介绍1963年由美国气象学家爱德华·洛伦兹(Lorenz)提

出的蝴蝶效应(Butterfly Effect)理论。蝴蝶效应最常见的形象表达是:“一个蝴蝶在巴西轻拍翅膀,可以导致一个月后得克萨斯州的一场龙卷风。”是指在一个动力系统中,初始条件下微小的变化能带动整个系统的长期、巨大的连锁反应。在实践中我们也可以看到建设一座横跨深谷的吊桥,常常是从一根细线拴一个小石头抛掷到峡谷的另一面开始。具有可持续发展战略眼光的人一定要防微杜渐,看到初始阶段的极微小变化有可能造成系统内部不可遏制的连锁反应。有鉴于此,政府公共管理职能部门必须设身处地为穷人着想,确立善待蚁族、善待农民工、善待低收入人群的理念,改进公共管理,强化社会服务。其实,只有想着穷人,才能向着穷人。政府所有作为都应当以民众的福祉作为出发点和归宿。政府出台的每一项政策,制定的每一个举措,都应该尊重人民意愿,体现人民要求,为人民谋利益。我国当前的社会矛盾十分突出,各种利益群体都在追求利益的最大化,社会管理工作更要注意善待蚁族,尽可能提供平等的就业机会。作为人民政府不能一味地为富人办事,其决策的基本着眼点和着力点应当是低收入人群。公共性决定了政府的先进性,先进性决定了民众对政府的认同度。只有时刻把人民群众利益放在首位的政府,才是服务型政府。政府实施社会管理的效率越高,向民众提供的公共服务越多,民众与政府的合作关系才能越稳固。创新社会管理的难度很大,以下思路可供借鉴:其一,用政府信息公开透明,形成人与人之间的信任基础;其二,用党政公务人员以身作则,形成民情疏导的示范效应;其三,用主动提供周到服务,形成合作互助关系;其四,平等待人的信息沟通,用形成民主协商机制;其五,用落实社会保障措施,形成改革成果的共享规则。

广告中的“性别角色定型”让人忧

史彤彪*

人间有些事儿，往往粗看上去没什么，要往细里寻思却有了问题。

就说谁都知道的性别吧。

世上芸芸众生，由男女构成，性别体现了自然属性，本无关乎强弱、高下与主从。可人类在演进过程中，偏要违背造物主的原意，在男女之间加进了具有社会属性的权力关系，形成了一套人为的社会性别。在女权主义者看来，社会性别不等于性别，当今的社会性别并不是建立在尊重的基础上，而是根据人们的偏见使性别社会化，把妇女认定为男性存在的附属体和性客体。结论非常鲜明——基于生理基础之上的性别压迫和不平等是没有根据的，因而是可以改变和消除的。

“社会性别不等于性别”，请注意，这并非故意在玩儿词汇。其中真有深意。这不，欧洲人受此启发，带着挑剔的眼光来审视那些所谓具有“艺术性”的广告，并从中确实发现了大问题。

2008年9月初，欧洲议会的议员们因广告商的“性别角色定型”愤怒了，他们有几个明确的谴责对象。其中一个是意大利美尔暖服装设计公司的印刷品广告，画面上一名穿高跟鞋的女子站在中央，一些大汗淋漓穿紧身牛仔裤的男人围绕着她（其实在2007年，西班牙政府就要求美尔暖服装设计公司把其具有“幻想强奸”意味的广告撤走）。议员们的矛头也指向了一些平淡无奇的图片，里面就有上个世纪50年代建立的“洁碧先生”品牌的标志图像，它明显暗示只有强壮的男人才拥有足以清除污垢的力量。

* 作者为中国人民大学法学院教授。

欧洲议会以504票对110票通过了对广告中的性别角色定型的非约束性报告，以敦促广告行业讨论这一习惯做法。根据报告，广告中的性别角色定型“是对个人角色预定的和人为的限制，它们往往有辱人格，而且对男女两性都有麻木性，这就束缚了女性、男性、女孩和男孩”，因而令人担忧。

该报告的提出者，是来自英国的议员、欧洲议会妇女人权和性别平等委员会的委员玛丽·霍尼博。她说，这一争论很有可能导致约束性法规的制定：“我希望这能够起到改善欧洲国家广告业的作用。因为这一报告以绝大多数票获得通过，所以显然很多人认识到有必要考虑这一点。这种角色定型是无法接受的。”①

应该说，“性别角色定型”广告绝不是欧盟国家的“专利”，毕竟这是一种典型的国际流行病，因而在咱们中国大地上也屡见不鲜，同样让人觉得不舒服并表现出了反感。国内就有十家知名企业，因广告中“涉嫌”犯有“六宗罪”（以女性为招徕、女性是性对象、歪曲女性工作上的贡献、强调女性的从属角色、定位女性必然是“温柔、脆弱”、误导儿童理解男女特质），而被列入“2005十大性别歧视广告”的“黑名单”。

如此上纲上线，不至于吧？

为了做到以事实为根据，那就挨着个地说说它们所犯的具体“罪行”——

现代御翔汽车。广告中，汽车行驶在具有西方古典韵味的外景环境中，驾驶座上是一位身穿黑色西服的男士，副驾驶位置上是一位身穿黑色晚礼服的女士，侧脸向男主角微笑。车子行驶到一处礼堂式建筑前，男主角意气风发从车中走下来，为女士打开车门，将其牵下车。从驾车到等待男性为其打开车门，广告体现了“女性是从属的性别”这一传统观念，坐在副驾驶座的女主角带有装饰意味，其穿着也比男主角更突出性特征，强调“美女香车”。广告的外景、背景音乐及画外音极力渲染一种男性的尊贵生活，而拥有面貌姣好、穿着性感的女性与拥有现代御翔汽车一起成为男性尊贵生活的标志。

步步高电子词典。广告中的女主角衣着、动作、表情，都与所需要推介的产

① 《“性别角色定型”广告令欧盟愤怒》，《参考消息》2008年9月9日。

品无关，其行为更没有介绍或体现产品性能，纯粹为了吸引观众、引发欲望。女主角在镜头中成为电子词典的性感装饰物。

福临门天然谷物调和油。广告强化了“男主外女主内”的刻板印象。广告中，男性不仅是家务服务的享受者，也是女性的评论者。“用健康好油，做金牌妈妈”的旁白回应了这一赞许，进一步强化了“女主内”性别角色定型。同时，广告中出现的小男孩已经学会了和爸爸一起“观赏”妈妈做家务。

乐事薯片。广告歪曲了女性在工作上的贡献。女性被表现为没有能力处理简单的技术问题，需要求助于男性，既强化了女性的从属地位，又强化了“男性科技霸权”的刻板形象。尽管越来越多的广告中出现了职业女性形象，但是与广告中的职业男性形象相比，女性的工作能力和贡献往往是被歪曲的，该广告就是较具代表性的一个。

全新力士滋养系列。广告中女性作为男性的观赏对象和性对象出现，女主角在多个镜头中以性感美貌示人。在对白设计上，女主角显得没有主见，对男性设计师比较依赖，这一设计强调了男性的专业身份和女性的从属者形象。而女模特走在T型台上的表情充满挑逗，这一切都强化了女主角的花瓶形象。

立白集团肤歌沐浴露。广告中女主角的沐浴动作和面部表情充满了性挑逗的意味，某些特写和动作远远超出了说明沐浴露功效的需要，女性在这里已经完全被物化为性对象和观赏对象。

马爹利酒。广告中女主角与马爹利酒没有任何关系，她的出现只是为了让男性鉴赏。即便她的穿着打扮非常职业化，但依然是男性观赏和评论的对象。

马爹利酒的广告

生力啤酒。广告中，三位年轻男性

在露天酒吧饮酒,忽然天降大雨,饮酒的人匆忙散去。三位男性用手护着啤酒瓶坚持坐在大雨中不离去。这时附近出现三位从敞篷车中走下来的年轻女性,衣服都被雨淋透了,向酒吧奔跑而来,动作和曲线都非常性感。三位男性看得眼睛发直,脸上露出欣喜表情。他们为此举杯庆贺。在广告中,女性作为被观赏对象和性对象出现,通过音乐的配合,大雨中的女性镜头充满了挑逗与诱惑。而这三位女性与所宣传的产品并没有任何关系,仅仅暗喻不放弃饮用生力啤酒的人可能会有艳遇,这一暗喻无疑是一种极力迎合男权文化的男性话语。

太太美容口服液。广告强化了"女性是附属的性别"这一观念,在两性关系中女性处于明显的弱势地位,同时强调女性依赖美丽的外貌建立自信。广告过分渲染了女性对美貌的追求和对男性的依赖。

玉兰油莹润美白淋浴乳。除了淋浴动作外,女主角还出现了多处不必要的暴露,某些镜头中的动作也显得过于挑逗,女主角在这些镜头中作为观赏对象和性对象出现。同时,广告中出现的小男孩已经开始对女性外貌进行评价和嘲讽,这可能会对儿童造成性别观念的误导:女性必须保持皮肤的白皙。[①]

怎么样?这些广告很符合欧盟版的"性别角色定型"症状吧?

在这里,我要对当初发起和参与评选的人们表示崇高敬意,因为正是他们的刻意提醒才使得常人对铺天盖地的广告不再那样漫不经心。不过,性别歧视广告倒是早评了(可惜是民间的),可遗憾在于没听到国家相关管理部门的正义声音,也没有看到什么有效的整治措施。为写这篇小东西,笔者拿着遥控器,专门从电视上搜索广告,在不到一个小时内,发现下列产品广告"嫌疑"多多:格兰仕、欧莱雅、玉兰油、100年润发、天然超能皂粉、碧生源牌减肥茶、浪莎袜业、奔驰GLK……甚至为了一款食品,导演愣是安排了一帮美女身穿旗袍端着盘子排着长队从大老爷们曾志伟面前走过,当曾大明星说不用看一闻就知道还是这个好吃时,可爱又可怜的美女们人手一块地大口品尝起来。

这只能说明,"性别角色定型"在咱们的广告业中已经颇具赶超外国的态

---

① 参见陈凯一:《"2005十大性别歧视广告"曝光》,《北京青年报》2006年3月7日。

势。

为了更能清醒地认识到问题的严重性，接下来，请大家一起把眼光投向祖国的四面八方。

深圳某房地产项目在高速收费站打出巨大的广告牌，上面写着："再低，就不可能了。"这句醒目的广告词旁边，是一女子穿着红色低胸裙的大幅图片。

武汉春季房交会上，开发商找人身裹广告"裸秀"，两个年轻女子将该楼盘宣传广告裹在身上在会场游走。

重庆洋人街挂出一条出位广告："你将老婆、情人、二奶弄在一起，你想不精彩都不行。"

山东潍坊胜利街的一个繁华路段，八名男子打扮得像《黑客帝国》中的NEO一样酷，每个人手里都拿着标语牌，上面大写着"寻找美女"。此乃某个商场的促销花样。

西安市小寨天桥附近，一酒业公司为了给公司招聘工作人员，请了10名身穿缝满各式补丁的粗布脏衣的乞丐手举"招聘美女每小时100元"的牌子游走在街头上，他们工作一小时后每人得到20元的报酬，引得不少路人驻足观看。时间不长，真招来了6名年轻貌美的女孩，其中还有女大学生。

"天下美女在成都，成都美女在春熙路。"一份由成都锦江区政府组织、专业调查公司进行的据称为全国首创、耗时半年的宏大调查的春熙路"美女养眼指数"还没发布，就已经引起了不小的争论。一般人弄不明白，老牌商业街春熙路发展与当地美女究竟有多大的因果关系。

……

这些广告的策划者肯定为他们"匠心独运"的作品而自豪，其客户也曾为创意充溢"艺术色彩"而激动。但我要说，他们满脑子里只有赚足眼球和轰动效应，压根儿就没把自己的姐妹们当成具有独立人格的人来看待，经济利益完全挤占了道德感和羞耻心，是男权文化淋漓尽致的宣泄，因而看起来很酷，实乃无聊之极，商家们根本抛却了企业的社会责任！有关管理部门作为公众的代言人和构建和谐社会的责任人，对无良商家策划的无良广告，决不可失语，早该启动审查机制了！但愿咱们的立法机关能及时考虑制定约束性法规，不要让欧洲人占了先！

我们每一个人都应该对传统和现实中固有的意识和文化予以反思。女性的身体，从来都是"他者"凝视的身体，被"他者"悦纳的身体。眼下，各式打扮和诸种样态的美女常常出现在产品的包装或广告上，成为吸引消费者注意力和购买欲的工具——车展中的香车美女、文学中的"身体写作"、影视作品中的激情戏、体育赛事中的各类宝贝（如篮球宝贝、足球宝贝）、畅销杂志上的封面女郎，都离不开性感的、年轻的、美丽的女性身体。必须老老实实地承认，这些现象反映出21世纪的人们骨子里依旧没把女性作为同男人一样有尊严的主体来对待，纯粹把女性当摆设、作衬托。因此，迫切需要建构一种尊重女性的平等价值观，真正使广告在传达丰富商业信息的过程中传递向善的社会准则和生活方式。当然，与此同时，也非常需要女性意识的觉醒，把个人的事当成政治的事，切实树立自信和自尊的道德观。顺便说一句，前些日子出了一本给广大女性看的书，叫《好女人性感第一》，作者就是一名成功的女性，很有可能卖成畅销书（出版商和写书的人都有此信心）。但越是这样，越让人放心不下，因为在女权主义者看来，书名本身起得就有问题。

“禅是一枝花”

——谈公司董事责任

朱伟一[*]

百年老店贝尔斯登告急的时候，公司的第一把手、一位80多岁的老英雄却远在外地打桥牌。很多股东义愤填膺：公司坐困愁城，高管却在外面逍遥快活，公理何在？其实，老先生倒并不一定是贪图享受，如果他回去亲自指挥救灾工作，对他也有风险，而且风险更大。公司到了最危急的关头，荒不择路，难免有违法、违规的行为，如果亲临现场指挥出了问题，老先生岂不是要负责，想推都推不掉？两个选择都不尽如人意，那当然是两害相权取其轻了。

美国法律对公司董事的要求很低，公司出事的时候，只要公司高管不是在“天上人间”吃花酒，问题都不大。即便是在“天上人间”吃花酒，估计问题也不大，善解人意的法官也会网开一面。

一、“禅是一枝花”

公司主要高管通常也是公司董事，下文中“高管”与“董事”两词通用，除非说明是“独立董事”。

关于公司高管的责任，各国法律大同小异，至少是其他各国向美国看齐，参照美国的公司法制定自己的相关法律。按照美国的公司法，公司董事和高管的责任主要是两条：注意责任（duty of care）和忠诚责任（duty of loyalty）。注意责任是侵权法的概念，指一般审慎的人在管理自己重大事务时所行使的合理注意。美国公司法下关于高管的规定也被引进中国。我国《公司法》第一百四十八条规定：“董事、监事、高级管理人员应当……对公司负有忠实义务和勤勉义务。”措

---

* 作者为社科院法学所兼职教授。

辞不尽相同，但意思大致相同。当然，形似不等于神似。我们这个民族擅长形似，代表官吏的皇帝和代表皇帝的官吏让我们说什么，我们就说什么，假话说得和真话一样；以美国为首的洋人说什么，我们就跟在后面说什么，真话当假话说，有的时候又把假话当真话说。

注意责任标准很重要。“禅是一枝花”，于丹大姐为我们描绘了善男信女们的美好人生。如果我们按于丹大姐所定的人生标准来衡量自己，我们便会自惭形秽，无地自容，但是若是比照丹大姐本人做人的标准来衡量自己，我们就会理直气壮，觉得自己也是一个高尚的人、一个纯粹的人、一个有益于公司的人、一个有意于公司股东的人。这里的审慎的人是业内高管在类似的情况下是否会有类似的做法。举例说，如果“天上人间”边吃花酒边作公司决定的公司高管很多，那么高管这样做，注意责任上并没有问题。

简化后的推理等式为：董事责任 = 公司法 = 注意责任+忠诚责任（信托责任，fiduciary duty）=业务判断规则=遵循常理人的审慎=是不是在 “天上人间”吃花酒办公=是不是业内都在“天上人间”吃花酒办公。

华尔街有些高管标榜自己很勤勉，事必躬亲，定期查看各部门和下属公司的财务状况。不出问题固然是好，可以论功行赏，但公司出了问题，事必躬亲的高管便难逃其咎，无法一推三不知，而逃避责任的最好办法是一推三不知。

董事搞垮一个公司，法官似乎并不深究，但是若是搞好一家公司，那倒是有可能惹来麻烦。并购业务中待价而沽的目标公司，应该办得不会太差。但如果是涉及并购业务，目标公司的高管的注意责任标准就高了，成了信托责任，即升级版的注意责任。信托责任（fiduciary duty）也称受托人责任，指公司高管最大限度地为公司和公司股东谋取最大利益。具体到并购业务中的目标公司的高管，就必须将本公司卖个最好的价格。

价高价低，是一个比较主观的看法。所以公司高管就从公司外请来一批贤达担任公司的外部董事，也叫非执行董事或独立董事。董事会表决时，如果独立董事批准收购价格，那么董事会的决定更加合理，董事就没有过失的责任。当初，独立董事是被高管请来保驾护航的，现在却被炒作成为一支牵制公司高管的生力军，实在是有些力不从心。

美国公司法是州法，许多原则和规则也见于判例之中，或由判例总结而来。所以美国的公司法，也是法官定下的规矩。信托责任也是如此。但信托责任的适用让人直观上不舒服。搞残一个企业，法官不愿深究，但若是出售公司价格过低，法官倒要来深究，这是什么逻辑呢？美国法官的做法似乎是反逻辑的，也是反直觉的，搞垮公司似乎远比贱卖公司要严重。类似现象生活中也有，父母虐待其未成年子女，政府未必会管；但若是父母要卖儿卖女，那政府也不会袖手旁观。

除了独立董事，公司高管还可以求助于商业判断规则。商业判断规则（business judgment rule）指，董事会决策时，只要公司高管事先对相关情况做过了解，而且决策有合理性，则即便决策被证明是错误的，董事也没有过错责任。总之，坚决反对事后诸葛亮。

就公司并购业务而言，董事责任的简易推论等式为：董事责任 = 公司法 = 注意责任+忠诚责任（信托责任）=独立董事+ 业务判断规则。

二、忠诚责任如何？

除注意责任之外，董事责任还包括忠诚责任（duty of loyalty）。忠诚责任的要求是，董事不得为了自己的利益而损害公司的利益。

忠诚责任无处不在。比如，高盛向大学、思想库和慈善组织捐钱，但有些股东有意见，说是高盛的几位董事在这些机构担任要职，似乎有利害冲突。著名大学是接受高盛捐款的大户，日后虽然不能确保董事的亲朋好友可以上名校，但至少董事本人的儿子和孙子只要成绩不是太差，这些名校的大门对他们是敞开的。捐钱给母校捐多了还可以当校董——在美国是件很体面的事。捐钱多的人还可以为太太在慈善机构谋一个位置——社会名流的象征。有人批评中国没有慈善的传统这是因为对美国的慈善有误解，如果不能把利益落到实处，除少数功成名就的苦孩子馈赠母校之外，大多数人就不会愿意捐钱。慈善不是古代侠客解衣推食，扶危救贫。慈善是什么？慈善是功名，是现在社会的封妻荫子：过去靠皇帝，现在靠自己。

2010年高盛召开股东大会时，董事们的慈善事业虽已曝光，但高盛所有的现任董事全部当选连任。慈善的事情，其他银行也有。乔·格雷戈里（Joe Gregory）曾经是雷曼的总裁兼首席运营官，但有人评论，根据后来揭发出来的问题看，格雷戈里对“自己资助的慈善机构的担忧甚于对雷曼运营的担忧”。

三、合规，公司治理的核心

董事责任又与公司治理联系在一起，公司治理搞不好，董事就有责任；公司治理搞好了，即便公司没搞好，董事也没有责任。公司治理的核心是合规。合规由分为两大部分，填表和内控。公司治理=合规=填表+内控。

填表主要是为满足法定披露责任，是应付监管机构的繁文缛节。内控的形式多种多样，但主要是设立各种委员会。董事会有小组委员会，公司管理层也有各类委员会：投资管理委员会、执行委员会、新产品委员会、投资银行委员会、估值委员会、运营敞口委员会、市场风险管理委员会。此外，还有各种合规手册：柜台交易合规手册、个人理财服务合规手册、固定收入合规手册。

从表面上看，雷曼是内控的先进典型，至少其内部规章很漂亮，各种委员会十分齐全。但内控再好，也还是第一把手说了算。雷曼首席执行官迪克·富尔德（Dick Fuld）在公司做重大决策时，经常请合规主管暂时回避。这倒不是雷曼的高管不好，尽管他们确有可能人不好。券商行业的一言堂主要是由券商业务的性质所决定的，券商是准军事组织，资本市场的业务有很大的投机性和赌博性，既然是赌，讨论来讨论去的意义不大，弄得不好反有可能贻误商机、贻误战机。

内控失控在华尔街是比较普遍的现象。摩根斯坦利是美国资本市场的主力舰，发达国家的发达银行，合规工作自然也应该搞得不错，至少摩根斯丹利自认为搞得不错，很多善良的人们也觉得摩根斯坦利的合规工作搞得不错。但奇怪的是，2009年在香港的一桩内幕交易案中，摩根斯坦利的一位高管在借助内幕消息购买股票之前，还得到了摩根斯坦利合规部门的批准，成为一个笑话。更奇怪的是，这位合规人员又在另一家公司找到了工作，还是从事类似的业务。由此可见业内对合规问题的真实态度:没有太把它当一回事。

四、"重大",如禅语般的费解

华尔街银行公司治理方面的问题成堆，但却是仍然有惊无险。金融危机期间,美国公司高管做了那么多的坏事,也没有听说哪一家美国公司的高管被判赔钱。很多时候,美国法官还将股东的起诉直接驳回。但对于在美上市的中国公司,美国投资者和法官都不手软,经常死缠烂打。与中国在美国的上市公司相比,华尔街那些公司所出的问题实在是要大得多。说到底,美国那些投资人是把中国公司和中国股东当冤大头来打的,美国投资人似乎是内外有别,但说到底,还是欺软怕硬。

中国企业到处收购，到处搞短促出击。美国股东发难的借口主要是中国上市公司所披露的信息不全。按照美国的法律，上市公司必须披露实质性信息。"实质性"一词比较难缠,如禅语般的费解。实质性信息(material information)指进行投资决策时,在当时情况下,可能对遵循常理的投资人产生影响的事实的相关信息,还是一个比较模糊的概念。当然,有清楚的时候。比如,按照美国证券法,过桥贷款合同属于重大信息,应该披露。但更多的时候是不清楚。比如,若是收到证交会关于起诉在即的威尔士(Wells Notice),公司是否应当予以披露?如果不披露收到该通知,在美国就有可能成为股东起诉董事的理由。有些时候,证交会虽有规定,但仍然似是而非。例如,2010年1月27日,证交会宣布,有责任告诉投资者,全球变暖对其业务是否会产生风险。但是否披露有关信息,需要考虑新的法律或国际体条约是否会增加运营成本。由此看来,重大信息披露是例行填表加模糊概念。

五、保险

为了保护自己,在公司高管的运作之下,上市公司大多会为其公司高管购买责任保险。但购买保险也是一件比较伤脑筋的事。保险公司付款大多很不痛快,有时候为了付款的事情,保险公司与投保人之间还产生诉讼。有些保险公司虽然是出售保险,但出了事情之后却不愿支付保险金。所以在购买保险的时候,也不能掉以轻心。好在现在做公司董事责任保险的公司不少,中国的保险公司也有做此业务的,所以买方还是有挑选的余地。

首先,必须明确保险为谁而购。如果是公司为补偿公司董事损失而购,那么遇到公司破产清算,保险金便成了公司债权人瓜分的财产。为了保险起见,公司高管应该让公司在购买保险时声明,受益人是公司高管而不是公司。

如果独立董事是住在美国之外,那么即便有败诉罚款的判决,不付钱美国那边一时也没有办法。美国的当事人要在中国执行美国法院的判决,难度还是很大的,几乎不可能。但公司高管不同。他们还得在这个道上混,家产数亿、数十亿后也还要在这个道上混。不是钱不钱的问题,而是存在价值的问题。那自然是要付钱的。

诉讼费也是件大事,在美国打官司那是烧钱的事,美国律师按小时收费——应该说是按每分钟收费:大牌律师每小时数千美元,客户自然是每分钟都在烧钱,以每分钟计算律师费让人更有紧迫感。但公司有可能不存在了,所以还是有保险的好。为求保险起见,相关规定最好是写入公司章程,公司章程有如公司的宪法,改起来比较难。但一般来说,只要公司不破产,即便是没有为高管购买保险,公司也会为高管支付律师费的。如果高管身败名裂,公司的声誉也会受到影响。再者,如果公司见死不救,那么深陷困境的高管或雇员有可能反戈一击。

六、步步为营,层层设防

一种做法可能有多种目的,而为了达到同一目的又可以使用多种手段。上市公司董事责任也好,公司治理也好,其目的不同,因人而异,但实践中主要是用来保护公司高管,特别是保护公司的第一把手,从程序上保护高管。董事、高管可以因势利导,步步为营,层层设防。一个制度,一种做法,出台的初衷可能是为了牵制董事,但最终大多被董事所用,至少是被董事所化解。

法律调整下的人与自然和谐共处

冯玉军*

许多在西方发达国家游历过的人，都深深地为那里环境的优美和人与自然和谐共处的场景所震撼。且不必说那里田园乡村的生活多么自然、恬淡，即便在人流如潮的都市，这种感觉也是非常强烈，让人油然产生一种惬意和自足的情怀。

在城市街道和广场上，经常可以看见一群群的鸽子悠闲地啄食，行人走近，鸽子非但不躲反而主动靠近来觅食；可以看见公园绿地中一只只可爱的松鼠轻盈地跳跃，蹿上跳下，彼此追逐玩乐；还可以看见河流池塘里有鱼儿在欢快地游动，天空中各种鸟类更是"万类霜天竞自由"，毫无被污染和虐杀之虞。但是我们今天看到的情景，并非历来如此，它们大多都是这些发达国家在认真吸取了早期工业化破坏环境、造成生态破坏以及肆意杀戮各类生物的教训之后，厉行保护性法律、推动自然和谐的种种努力使然。

众所周知，一部美国历史，就是一部移民奋斗和开拓的历史。对于早期到达美洲大陆的欧洲移民来说，广阔的亟待开拓的北美大陆，就好像是自己的敌人，它应该被击败或者征服：加勒比海旁的沼泽地，其命运就是被抽干或改为耕种；一望无际的中部荒原，则需引水浇灌使之变成大面积的连片良田；荒凉的西部沙漠，则被人们用于建设全国高速公路系统、装上冷气空调和别出心裁地改造成美丽的旅游胜地；而由于当时有狼群屡屡造成人员伤亡，许多州政府还花钱请人屠杀狼群，而那时候根本就谈不上什么《珍稀动物保护法》，事实上似乎也不需要。这样持续到 1921 年，美国国会还在拨款支持研究如何消灭美洲狮、狼、

---

* 作者为中国人民大学法学院教授。

北美土狼、土拨鼠及其他有损农业、园艺、林业、畜牧等的动物。当然，这些有关“征服自然”和“任意猎杀各类动物”的往事在今天已经变得十分不可思议，我想现在的美国，肯定已经没有人胆敢梦想“彻底消灭”美洲狮或者北美土狼了。

正确的认识得自于经验和历史教训。在经过了对自然环境和珍稀物种从陌生、敌视到和谐、保护的观念转变之后，美国开始建立包括国家公园、森林保留地、野生动物避难所等场所来保护自然环境和珍稀物种。1918 年美国国会通过了《候鸟协定法案》，其中规定捕捉或扑杀“协定”所保护的鸟类违反刑法。后来在 1929 年，美国国会又通过一部《候鸟保护法案》，赋予农业部购买、租借土地，从而为候鸟设立“不受侵犯的圣地”的权力。另外，1940 年，《白头秃鹰保护法案》在国会通过，从而将这种作为美国象征（国徽上的国鸟）但濒临灭绝的猛禽严格保护起来。不仅如此，美国国会还于 1966 年正式对外宣布：“美国发展、成长最不幸的结果之一，就是一些原始野生物种的消失。”这些动物极具“教育、历史、娱乐及科学的价值”。它们的灭绝是“极大的损失”。到了 1969 年，国会又出台了《濒临绝种物种保护法案》，其中规定进口濒临绝种动物和跨州贩卖或运送濒临绝种物种，都是违法的。与此相关的后续配套法律也不断出台，例如《野生马匹及驴子法案》、《海洋哺乳动物保护法案》等等。据粗略的统计，联邦层面制定的涉及环境保护或者珍稀物种保护的法令有数百种之多。

尽管这些法令在美国社会的现实作用目前也还存有一些争议（例如很多人因为保护昆虫、蜗牛、猫头鹰而失业，甚或为了保护某种鱼类而导致大型水利工程下马），并引起过很多起官司（这中间自然要进行长期成本和短期成本、消费收益和不可恢复价值的换算与博弈），但环境保护法和珍稀物种保护法带给人们的碧水蓝天、万物自由，依然是理性的立法者需要慎重权衡与追求的。

我国现在正处在“发展中”阶段，许多工程项目不考虑环境影响因素，不考虑对生物品种和各类动物生存条件的影响，率尔上马，对自然环境和物种生存危害极大。对此，如何保持发展与保护的平衡，避免重蹈“先污染后治理”的老路，有识者宜当鉴之。

雷经天与陕甘宁边区司法制度

侯欣一*

中国当代的司法制度及司法实践与抗日战争时期陕甘宁边区的司法制度及实践有着千丝万缕的联系，这一点在官方的主流话语中早已成了定论。然而，说起陕甘宁边区的司法，人们可能会想起董必武，想起谢觉哉，想起声名远播的马锡五，但却很少会有人想起寂寞的雷经天。

其实，作为陕甘宁边区高等法院第二任院长的雷经天对陕甘宁边区司法的影响可能不输于前述的任何一个人，只是由于种种原因，除了为数不多的一些专门史之外，当下的人们已很少提到他了。

一、雷经天其人

雷经天(1904~1959)，原名雷荣璞，广西南宁人，其父是一位清贫的知识分子，具有强烈的反清反封建思想，曾担任同盟会南宁支部的负责人。出生于这样的家庭，不仅使雷荣璞幸运地从小就接受了新式教育，还养成了视财富如浮云的革命精神。6岁入南宁模范初等小学，11岁考入广西省立第三中学，五四运动爆发后，年仅十四五岁的雷荣璞几乎不假思索地投身于学生运动，担任了南宁学生联合会会长，并更名雷经天，立意自己的一生绝不做默默无闻的凡夫俗子，要如雷经天，叱咤风云。他中学毕业后因家贫失学4年，1923年考取厦门大学理科，翌年即因参与学潮被校方开除而转学上海大夏大学。1925年加入中国共产党，同年又因参加五卅运动，被学校开除，从此成为职业革命家，并走上了以武

* 作者为南开大学法学院教授。

雷经天

力推翻旧政权的道路，先后参加了北伐战争、南昌起义、广州起义、百色起义和广西右江根据地的创建工作，曾任右江苏维埃政府主席，达到了政治上的鼎盛，为中共党组织和农民运动在广西的发展起了重要的推动作用。

雷经天生性耿直，性格外向，不久即在党内斗争中屡屡受到排挤，曾三度被开除党籍，一次还被判处死刑。幸得周恩来、邓发等人的庇护才免于一死，长征到达陕北后重新入党。1937 年陕甘宁边区高等法院成立，人才短缺，苦于无事可干的雷经天便被调至边区高等法院工作，初任审判庭庭长，不久即任代理院长、院长，直至 1945 年 3 月，成了边区高等法院历史上担任院长时间最长的人，从而使陕甘宁边区的司法制度深深地打上了他的烙印。1945 年延安整风审干中，雷经天的历史问题被平反，他也相应地迎来了自己政治上的第二个春天。不久奉命赴东北，任八路军热辽军区副政委，重新进入权力中心。1947 年中国人民解放军两广纵队成立，雷经天任政委，率部队参加淮海战役。此后，随第四野战军挺进华南。1949 年 10 月新中国成立，雷经天回到家乡，出任广西省人民政府第三副主席。

然而，新中国的成立，并没有给雷经天带来多少好运。1950 年他由家乡调到武汉，出任中华人民共和国最高法院中南分院院长，又一次淡出了权力中心。新中国成立后直到上个世纪 80 年代，由于中国的法治之路受挫，法院在国家权力结构中一直是一个无足轻重的部门。1953 年又因审理一起离婚案的“错误”被指责搞“非法组织活动”，受到“留党察看两年”的处分。次年被调到汉口港务局任副港长，工资也由行政七级降为十级。1955 年调最高人民法院任督导员。次年再次调上海华东政法学院任院长兼党委书记，两年后，即 1958 年 9 月任上海市社科院院长。1955 年 8 月雷经天因肝癌病逝于上海，结束了其短暂的一生。

雷经天意志坚定，对革命与党从无二心，也想做事，但在不正常的年代中，在缺少法制保障的社会里，时代并没有给他留下多少做事的空间与时间。挨整与申辩，有时出于各种原因也整人，是那个时代许多革命者人生中挥之不去的阴影。这与其说是他个人的悲剧，不如说是时代的悲剧。

二、雷经天与边区司法二三事

雷经天接受过现代高等教育，大学肄业，在同时代的人中具有较高的文化水平，但却从未接受过任何系统的法律教育，在其入主陕甘宁边区高等法院前也未从事过任何法律工作，因而他与法律的结合纯属偶然。好在那个时代的干部，都有一种无知无畏的精神，党让干什么，就会认真地干什么，既不会对不懂的东西心存敬畏，也压根没把司法工作当做一种特殊的工作。

笔者接下来向大家介绍几件雷经天在边区高等法院任内所做的事。

第一，审理黄克功案。雷经天上任不久就接到了一件棘手的案子。1937年10月5日夜，26岁，参加过井冈山斗争和长征并屡立功勋的抗日军政大学第六分队队长黄克功因逼婚未遂，在延河边枪杀了陕北公学的学员刘茜。刘茜是一位刚刚从家乡山西克服重重阻力投奔圣地延安的进步青年，年仅16岁。此案发生后，在延安内部引起较大的争议。一部分人主张，此事败坏了边区的名誉，造成极坏的影响，因而力主对黄处以极刑，“杀了黄克功，为党敲警钟”。但另一部分人则认为，黄克功为革命立有功勋，是红军的重要指挥员，在此民族危亡关头，可叫他戴罪杀敌，将功赎罪。黄克功的一些战友和部下还纷纷上书，为其请命。黄克功本人也亲自给法庭写信，请求“从轻治罪”。

一时间，该案成了延安各界关注的焦点。刚刚成立的边区高等法院和代理院长雷经天承受着巨大的压力。雷经天经过详细调查之后，认为黄克功逼婚不成怒而杀人，证据确凿，此外，逼婚之风不可助长，为维护法律的权威，应依法处以黄克功死刑。为此他给毛泽东主席写了一封信，坦率地表达了自己的态度：

共产党员有犯法者，从重治罪。为什么这样做呢？因为共产党员都是无产阶级优秀的先进战士，共产党应有铁的纪律，正因为如此，我们才能够号召更多的人民参加这一伟大的抗日斗争,使这些纲领能够迅速地、普遍地、更加彻底地实现,我们共产党员,每一个布尔什维克都应该是实现这一纲领的先锋与模范,由于如此,共产党员有犯法者应从重治罪,所以必须对黄克功处以极刑。(上海社科院院史办公室:《重拾历史的记忆——走近雷经天》)

黄克功于10月9日再次致书法庭,并致书毛主席,希望"法庭须姑念我十年艰苦奋斗,一贯忠于党的路线,恕我犯罪一时,留我一条生命,以便将来为党尽最后一点忠,实党之幸,亦功之最后希望也"。毛泽东接到雷经天及黄克功的信后,立即召集党中央政治局和中央军委开会,同意将黄克功处于死刑,并建议鉴于此案典型,为教育群众,望能在死者学校进行公开审判。

1937年10月10日,陕甘宁边区高等法院在陕北公学大操场公审黄克功枪杀刘茜一案,延安各界数千人参加了公审大会,中国人民抗日军政大学(简称"抗大")政治部的胡耀邦、边区保安处的黄佐超、边区高等检察官徐世奎为公诉人,雷经天与抗大、陕北公学选出的陪审员李培南、周一明、王惠之、沈新发,以及书记官袁平、任扶中等组成审判庭,雷经天为审判长。审判庭按照程序,经过讯问被告人黄克功,证人出庭证明,群众代表发言和辩论,最后由雷经天宣读判决书,判处黄克功死刑:

理由:(一)蓄意杀害刘茜的犯罪行为,该凶犯黄克功既已直供不讳,更加以检察机关所提出各种确凿证据证明,罪案成立,已无疑义。(二)值兹国难当头,凡属中国人民,均要认清日本帝国主义及其走狗——汉奸才是自己国家民族的死敌,我们用血肉换来的枪弹,应用来杀敌人,用来争取自己国家民族的自由独立解放,但该凶犯黄克功竟致丧心病狂,枪杀自己的革命青年同志,破坏革命纪律,破坏革命团结,无异帮助了敌人,无论他的主观是否汉奸,但客观事实,确是汉奸的行为。(三)刘茜今年才十六岁,根据特区的婚姻法律,未达结婚年龄;黄克功是革命干部;要求与未到婚龄的幼女刘茜结婚,已属违法,更以逼婚不遂以致实行枪杀泄愤。这完全是兽性不如的行为,罪无可赦。无论刘茜对黄克功过去发生过如何好的感情,甚至口头允许将来结婚,其后因不同意而拒绝,亦属正当,绝不能以此借口加以伤害。(四)男女婚姻,因完全是出于自愿结婚,条件或不适宜,亦可正式分离,绝不许任何的强迫。黄克功与刘茜的关系,最高限度只不过是朋友相恋,即使结婚,各人仍有其个人的自由,黄克功绝不能强制干涉刘茜的行为,更不能借口刘茜滥找爱人成为枪杀原因。(五)凶犯黄克功对刘茜实行杀害以后,清洗衣鞋,擦拭手枪,湮没罪证,复在刘茜信上,假造时日,捏造反证,更在学校法庭询问的时候,初尚狡赖,推卸责任。这些足以证明黄克功预谋杀人的计划及对于革命的不忠实,这些表现实为革命队伍中之败类。本院根据以上种种理由,特为判决如主文。(张世斌:《陕甘宁边区高等法院史迹》)

此案处理的结果,对于改变苏维埃时期同罪异罚的司法理念、确立人人平等的原则起了重要作用,在陕甘宁边区司法制度史上占有重要的地位。

第二,奠定边区司法制度的基本框架。陕甘宁边区高等法院成立于1937年7月12日,10月雷经天即任代理院长,此时整个边区的司法制度尚未建立,为此雷经天花费了巨大的心血,立志要创建一种与以往一切司法制度都不同的新民主主义的司法制度。综观陕甘宁边区司法制度的特点,以下几个方面与雷氏个人的主张与推行不无关系:

一是简化程序,强调司法为民和便民。建立一系列专门的程序,平衡、制约各种诉讼参与者的利益关系,同时也将司法审判从形式上与人们的日常生活之间作出必要的区分,使司法成为一种不受人们生活经验、情绪和其他力量影响的专门技术,这是近代以来中国司法制度仿效西方司法制度后的基本思路和做法。面对着战时环境和农村条件,雷经天则反其道而行之,对司法程序做了大幅度的精简,对此雷经天公开讲:

在第一届参议会讨论边区施政纲领时,我们就提出建立便利于人民的司法制度,一切为着人民着想,真正为群众解决问题,故诉讼手续非常简单,着重于区乡政府的调解和仲裁,没有什么审级、时效、管辖的被限制,案件处理也比较迅速。(雷经天:《关于改造司法工作的意见》)

法院没有故意摆设庄严的法庭,使犯人产生恐惧。在边区,司法机关审问一切案件，完全采取说服解释的谈话方式，主要是将案情审问清楚，寻求解决的途径，而不是实行威慑。（雷经天：《两年半来陕甘宁边区的司法工作》）

为此，1941 年 5 月 10 日，边区高等法院曾专门给各县司法工作发出指示信，明确强调："司法机关从受理案件一直到判决，一切必要便利当事人。"

二是强调司法的阶级属性，使边区的司法工作成为执行执政党政治任务的工具。边区高等法院成立后，雷经天所受理的第一个案件是延安市有名的大地主蔡凤璋与挑水工人陈海生因典地纠纷所引发的民事诉讼。延安市地方法庭（庭长周景宁）第一审依据现行法律判处蔡凤璋胜诉，而雷经天主政的边区高等法院第二审则判处蔡凤璋败诉，判处蔡凤璋将典地无价归还陈海生，同时赔砍损树木的损失。该案改判后，引起了一审法官周景宁和当事人蔡凤璋的强烈不满。周说雷经天和高等法院没有放弃苏维埃时期阶级的偏见，没有执行新的抗战时期的统一战线政策，并向党组织要求对雷的工作进行审查。而蔡凤璋则不断以各种方式向各级政府，包括直接给毛主席写信反映问题。

为什么要不顾同行的责难改判蔡凤璋败诉，雷经天说得极为明白："边区司法工作的主要任务是巩固边区抗日民主政权，保护边区人民大众的利益。"（雷经天：《关于改造司法工作的意见》）

蔡凤璋是地主，因而他就该败诉。

为了保证边区的司法工作能够更好地、更准确地执行党的政策，雷经天进而主张司法干部必须首先从那些具有高度政治觉悟的人中挑选，他说：

> 关于干部，我以为经过土地革命斗争锻炼出来的工农干部，虽然他们的文化程度较低，不懂得旧的法律条文，但他们的政治立场坚定，与群众发生密切的联系，能够负责地为群众解决问题，给予教育训练，就是边区司法干部的骨干。（雷经天：《关于改造司法工作的意见》）

也就是说，在雷经天等看来，司法人员最主要的是"必须忠实于革命事业，能够奉公守法，刻苦负责，并了解新民主主义的法律精神，现在我们所有的司法干部，法律知识虽较为缺乏，但他们都经过长期革命斗争的锻炼，而得到人民的信任"。（雷经天：《关于改造司法工作的意见》）

雷经天故居

三是重视调解，坚持民事纠纷法院要“调解为主，审判为辅”。对中国司法制度史稍有了解的人都知道，重视调解亦是陕甘宁边区司法制度的特点之一，而这一特点的确立也与雷经天的极力推行有着一定的关系。

此外，为了增加新民主主义司法的社会认知度，雷经天还利用自己的文字特长，先后撰写了《陕甘宁边区的司法制度》、《目前边区司法工作》、《新民主主义的司法制度》、《边区司法工作的方向》、《关于陕甘宁边区的司法工作的意见》、《两年半来陕甘宁边区的司法工作》等文章，在边区的相关报刊上发表，对自己在党的领导下所创建的边区司法积极宣扬，扩大了边区司法制度的影响。

总之，雷经天对边区司法的影响是深远的。但笔者尚无法确定的是：在雷经天的心中，他所极力打造的边区新民主主义的司法制度，只是一种应对边区特定环境的临时措施，还是一种放之四海皆准的常态？

古代死刑复核制度源流简考

廖　明*

死刑复核是中国独具特色的司法制度。早在十多年前，笔者参加现任北京市人民检察院副检察长甄贞教授主持的项目《程序的力量——刑事诉讼法学研究随想》时，就对死刑复核制度产生了浓厚的兴趣，并撰写了一篇小文《关于收回死刑复核权的思考》，对现代死刑复核制度的发展进行了梳理和展望。十多年后，笔者有幸参加中国行为法学会会长、十届全国政协社会和法制委员会副主任、最高人民法院原副院长刘家琛先生主持的国家社科基金课题《死刑复核制度研究》，进一步对古代死刑复核制度的历史沿革进行了专门整理。

严格意义上讲，我国古代对死刑的特别救济程序包括两种：一是死刑复核；二是死刑复奏。所谓死刑复核，是指在死刑案件的普通程序结束后，由中央司法机关甚至皇帝重新审判。所谓死刑复奏，是指死刑案件在复核之后，执行之前，奏请皇帝进行最后审查，并考虑是否给予宽宥，以示慎刑。古代死刑复核和死刑复奏同为中央专制集权的产物，一方面是为了使皇帝牢牢掌握生杀大权，另一方面也是为了对死刑适用从程序上进行限制，防止冤假错案。尽管古代死刑复核和死刑复奏的决定权都由皇帝控制，且其规定散见于各种刑法文书甚至是皇帝诏令中，但在历史发展的长河中，却不可否认其与现代死刑复核制度之间“源”与“流”的关系。

一

死刑复核制度的产生经历了一个漫长的过程，它是政治、经济、文化等诸多

* 作者为北京师范大学刑事法律科学研究院教师。

因素共同作用的结果。先秦时期,包括夏、商、周,实行奴隶制。从现有史料来看,夏、商时期,死刑决定权由夏王、商王与地方诸侯分权掌握。西周灭商后,吸取商朝灭亡的教训,以"明德慎罚"作为立法和司法的指导思想。在周朝时,似乎可以看到古代死刑复核和死刑复奏制度的胚胎。据《礼记·文王世子第八》记载:"有司谳于公。其死罪,则曰:'某之罪在大辟。'公曰:'宥之。'有司又曰:'在辟。'公又曰:'宥之。'有司又曰:'在辟。'及三宥,不对,走出。"

公元前221年,秦始皇统一六国,结束了诸侯割据称雄的局面,建立起第一个统一的中央集权的君主专制国家。但其尊崇法家思想,奉行"重刑处断"的原则,"法峻刑严",因此不可能出现死刑复核制度,即便是县令也有判决死刑的司法大权。据《史记·张耳陈馀列传》记载,蒯通对范阳令曰:"足下为范阳令十年矣,杀人之父,孤人之子,断人之足,黥人之首,不可胜数。"

到了汉朝,吸取秦朝灭亡的教训,在初期奉行黄老之说,实行"休养生息"和"约法省刑"的政策。汉武帝时则确立了儒家"礼法并用"和"德主刑辅"思想的统治地位。在"约法省刑"政策和"德主刑辅"思想的影响下,汉朝出现了死刑复核制度的萌芽。根据汉律规定,对于一般死刑案件,地方郡县令可以自行判决并执行,所谓"守令杀人,不待奏报"(《陔余丛考》卷十六)。但对于一些重大疑难案件,包括部分死刑案件和贵族、官僚犯罪案件,必须奏请皇帝最后裁决。据《汉书·王温舒传》记载,西汉河内太守王温舒"捕郡中豪猾,相坐连千余家。上书请,大者至族,小者乃死,家尽没入偿臧。奏行不过二日,得可,事论报,至流血十余里"。

三国两晋南北朝时期,地方割据势力强大,中央政府难以控制杀人权。但也不排除一些皇帝出于集权和慎刑的考虑,要求地方各级司法机关对于死刑案件必须奏请核准,不得擅自处断。魏明帝青龙四年(236年)曾下诏:"诸有死罪具狱以定,非谋反及手杀人,亟语其亲治,有乞恩者,使与奏当文书俱上,朕将思所以全之。"(《三国志·魏书·卷三·明帝纪》)这表明魏明帝亲自参与大部分死刑案件的审理并作出裁决,将大部分死刑案件的核准权掌握在自己手中。到了南朝,自宋开始,凡死刑犯须上报朝廷严加听察。据《南齐书·王敬则传》记载,南齐征东将军王敬则杀了路氏，其家人诉冤，齐武帝责问敬则："人命至重，是谁下意杀之？都不启闻。"至北魏太武帝时，"当死者，部案奏闻。以死不可复生，惧监官不能平，狱成皆呈，帝亲临问，无异辞怨言乃绝之。诸州国之大辟，皆先谳报乃施行"（《魏书·刑罚志》）。死罪案件都要经中央复核，以示对死刑的慎重。由此导致地方政府死刑决定权的丧失，死刑复核制度正式确立。但其时，由于整个国家处于四分五裂的局面，战乱不断，法律制度不可能得到很好的实施，司法官吏更是以各种借口对罪犯随意杀害而不奏报，死刑复核制度某种程度上形同虚设。

二

公元581年，隋朝建立，结束了三国两晋南北朝近四百年的分裂割据。开皇十二年（592年），由于各州官员执法水平不一，出现同罪异罚，甚至草菅人命的现象，隋文帝诏令："诸州死罪不得辄决，悉移大理按复，事尽，然后上省奏裁。"（《隋书·刑法志》）这意味着全国的死刑案件全部集中到大理寺进行复核，复核后，证据确凿、当判死罪的案件，呈报尚书省，刑部奏明皇帝最后裁决。

到了唐朝，统治者认真总结隋朝迅速灭亡的教训，确立了"德礼为政教之本，刑罚为政教之用"的法制指导思想，"慎刑省法"。有唐一代，由大理寺和刑部负责死刑案件的复审和复核。此外，御史台负责监督大理寺和刑部的审判活动，遇有死刑或重大疑难案件，也参与审判。死刑案件通常先由大理寺、刑部等有关部门复查，再报请皇帝裁决。唐朝还建立了"三司推事"和"九卿议刑"制度。前者指的是中央或地方遇有重大疑难案件，由皇帝特诏，大理寺、刑部和御史台组成临时法庭共同审理；后者则由太宗在贞观三年（629年）诏曰，"自今以后，大辟罪皆令中书、门下四品以上及尚书九卿议之"（《贞观政要·刑法》），此即所谓"九卿议刑"。唐太宗还主张对死刑犯不能一概而论，有特殊情况的，可以上奏，另作处理，"自今门下省复有据法合死，而情在可矜者，宜录状奏闻"（《贞观政要·刑法》）。

死刑复核制度在隋唐时期得到完备的同时，死刑复奏制度也在隋唐时期得到确立和完备。死刑复奏始于隋朝。《隋书·刑法志》记载："开皇十五制：死罪者，三奏而后决。”《隋书·文帝本纪》记载:“开皇十六年秋八月丙戌诏:决死罪者,三奏而行刑。”唐朝规定,中央和京师所在地的死刑判决,须向皇帝“五复奏”;地方上州县的死刑判决,须向皇帝“三复奏”;但犯“谋反”等重罪及部曲、奴婢犯杀主罪的,一复奏即可。《通典》卷一六八《考讯》记载:“诸决大辟罪,在京者,行决之司五复奏;在外府,刑部三复奏。在京者,决前一日二复奏,决日三复奏。在外者,初日一复奏,后日再复奏。纵临时有敕,不许复奏,亦准此复奏。若犯恶逆以上,及部曲、奴婢杀主者,唯一复奏。”

唐以后的宋元至明清各朝均继续规定了死刑复奏制度,只是在复奏的次数上有所不同。例如,宋朝京师死刑案件实行一复奏,明朝死刑案件均须三复奏。

三

中国古代死刑适用程序在五代辽宋金西夏时期发生了很大变化。这个时期社会动荡不安,特别是五代十国,各个藩镇割据一方,很多地方官都有死刑决定权。宋、辽、金大体相同,一直没有把死刑适用的复核权完全收到中央,仅是把有疑难的死刑案件收归大理寺进行复审,没有疑难的死刑案件的复核权则授予地方最高司法机关。只有西夏是个例外,对于死刑案件严格要求由中央复核。

在西夏,对于府、军、郡、县所拟判的死刑和无期徒刑得报刺史复审,再报经略使处复核,最后报中央复核。对于没有设经略使的地区,死刑案件应报中书省、枢密院进行复审和复核。但死刑核准权并非由中书省、枢密院和地方经略使行使,而是掌握在皇帝手中。据《天盛改旧新定律令》记载:“诸人原罪虽应获死,但若应赎,若至减罪应减等,依律法不应斩杀时,不奏而作斩断者,局分大小是谁之罪。当与有意杀人罪情相同。”

到了元朝,继续加强皇帝和中央司法机关对死刑案件的复核和控制。元世祖要求“凡死罪,必详谳而后行刑”(《元史·卷四·本纪第四》),并于中统元年(1260年)下诏:“今后凡有死刑,仰所在官司推问得实,具事情始末断定招款,申宣抚司再行审复无疑,呈省闻奏,待报处决。”(《卷一诏令》)此后地方死刑案件须依法勘审完备,申刑部待报,或申大宗正府、中书省、枢密院的扎鲁忽赤(蒙

劫法场

语:断事官),最后奏请皇帝裁决。

至明朝时期,死刑复核制度已发展得比较完善。明朝时,中央司法机关由刑部、大理寺和都察院组成,合称“三法司”。《明史·刑法志二》记载:“刑部受天下刑名,都察院纠察,大理寺驳正。”洪武十七年(1384年),为了加强皇帝对司法权的控制,防止刑部独揽审判大权,朱元璋“诏天下罪囚,刑部、都察院详议,大理寺覆谳,然后奏决”(《明史·本纪第一·太祖一》)。无论地方的死刑案件,还是京师的死刑案件,都要交刑部审判,定罪后将罪犯连同案卷移送大理寺复核。都察院作为“风宪衙门”,对于刑部的审判和大理寺的复核,都有权监督。死刑案件经复核后,分立决(立即执行)和秋后决(秋后执行)两种,凡性质特别严重的死刑案件,如谋反、大逆、谋叛及杀人、强盗罪之严重者,要立决,一般死刑则待秋后决。这两种死刑都要经过刑部具奏行刑和皇帝审核批准。

明朝在唐朝法律的基础上,还形成了一套比较齐备的会审制度,涉及死刑的主要有三司会审、圆审以及朝审。其中,三司会审在唐朝“三司推事”的基础上发展形成,即凡大狱重囚,均由三法司审理,最后由皇帝裁决。对于特别重大案件,或经反复审判而死刑犯仍然翻异不服的案件,则由皇帝令三法司长官、其他五部尚书和通政使等九卿会同审理,称为“圆审”,但判决仍须奏请皇帝审核批准。

至于朝审,则是在秋后处决犯人前,由朝廷重臣会同复审在押死刑囚犯的制度。朝审始于天顺三年(1459年),英宗鉴于“人命至重,死者不可复生”,下令“自天顺三年为始,每至霜降后,但有该决重囚,著三法司奏请,会多官人等,从实审录，庶不冤枉，永为定例”（《明史·英宗前纪》）。从此朝审成为制度，每年霜降后，由三法司会同公、侯、伯、驸马、内阁学士、各部尚书、侍郎、五军都督等官员，于承天门外会审在押待决死囚，审判由吏部尚书主持。对朝审犯人的处理分为情真、缓决、可矜、可疑四种类型，朝审的结果都必须报皇帝批准，由皇帝诏令宣告，其中情真应即决的罪囚，由刑科给事中三复奏，候旨下方可执行。对此，《明史·刑法志》记载：“天顺三年，令每岁霜降后，三法司同公侯伯会审重囚，谓之朝审。”由于朝审在秋季进行，实为清朝秋审的前身。

清朝的中央司法机关仍然是刑部、大理寺和都察院，也称为“三法司”。清朝对死刑案件的审判，由州县初审，而后逐级审转复核，最终由督抚向皇帝具题，并将题本的副本“揭贴”咨送刑部，再奉旨交“三法司核拟具奏”。发生在京师的死刑案件，由刑部直接审理，题奏皇帝，再经三法司核拟，核拟以后仍须题本呈请皇帝批示，或立决或监候。

清朝在承袭明朝会审制度的基础上，发展出一套更为完善的会审体制。除“三司会审”和“九卿会审”外，最具特色的莫过于秋审制度和朝审制度。清朝继承明朝的死刑制度，对于严重危害统治秩序的犯罪，判“斩立决”或者“绞立决”，经过三法司会审、复奏皇帝后依照法定程序即时处决。而对于危害较小或事有可疑者，可暂判“斩监候”或者“绞监候”，缓期处决，延至秋天由三法司或九卿会审。秋审是在每年秋季举行的对各省斩监候、绞监候案件的复审。具体程序是，各省督抚每年在规定的时间内，会同布政使、按察使复审由州县清理造册的斩、绞监候案件，对人犯提出情实、缓决、可矜、可疑、留养承祀的处理意见，然后在

清末的凌迟酷刑

四月底以前将卷宗移文刑部。刑部秋审处将卷宗及刑部和各省的看语集中"刊印招册",发送将参加秋审的九卿、詹事、科道备阅,供秋审参考。作为"秋谳大典"的秋审,每年秋八月在天安门外金水桥西由九卿、詹事、科道,以及军机大臣、内阁大学士等会同审理各省的死刑复核案件。九卿等会审完毕,即由刑部领衔将情实、缓决、可矜、留养承祀各犯分拟具题,恭候皇帝裁决。凡皇帝朱批情实的案犯,还要经过复奏和勾决程序,才能知其最后的结果。而朱批缓决案犯,仍然监候到明年秋审。

清朝的朝审则是指刑部对京师在押监候死囚的审录。《大清例律》记载:"刑部现监重囚,每年一次朝审,刑部堂议后,即奏请特派大臣复核,核定具奏后,摘紧要情节,刊刷招册送九卿、詹事、科道各一册,于八月初间(按惯例朝审先于秋审一天举行),在金水桥西,会同详审,拟定情实、缓决、可矜具题,请旨定夺。"朝审案件先由刑部自定实缓,再由皇帝特派大臣复核,最后再由九卿等复核。九卿复核的程序与秋审基本相同,九卿复核后具题奏于皇帝,等皇帝裁决后再办理复奏与勾决。朝审与秋审不同之处,一是在押囚犯需解至当场审录,二是直到嘉庆二十年(1815 年)以前,朝审案件一直保持三复奏程序,以示对京师案件的慎重,直到嘉庆二十年始决定"朝审与秋审同一例,嗣后朝审亦著改为一复奏"(《钦定台规》卷十四)。

秋审与朝审在中国司法制度史上具有独特的地位,它们的确立表明中国古代的死刑复核制度已经相当完善。但自嘉庆年间白莲教起义,尤其是太平天国农民起义后,清政府开始实行严刑峻法,原来一整套的死刑复核制度,全都被抛之脑后。督抚甚至州县一级的官员都有死刑决定权,死刑案件不必再专案题结奏报中央。后来,晚清政府欲图恢复秋审制度,限制封疆大吏的死刑权,但地方督抚仍旧各行其是,晚清政府亦无可奈何。

此外,太平天国时期,军政教合一,天王总掌军政司法大权。在严厉镇压奸细通敌、谋反以及其他破坏社会秩序的犯罪的同时,也建立了死刑的审核制度。据《贼情汇纂》卷九记载:"其踞江宁刑人必问供,具禀伪侯王,层层转达,以取伪旨。洪逆批准,由伪典王交伪具殿刑部尚书盖印,赴天牢提人屠杀。"

四

晚清时期，在西方列强坚船利炮的侵略和欧风美雨的熏陶下，中国近代社会在一夜之间发生了剧烈的变化。为了寻求自强御侮之道，随着清末修律的展开，中国开始全面引进西方法律制度，中华法系走向解体。宣统二年（1910年），修订法律馆奏颁《法院编制法》，正式实行四级三审制的法院体制。其后不久，沈家本奏请废除清朝原有的秋审、朝审、会审等制度得到清政府认可，中国古代死刑复核制度随着司法制度的改革而被废除。随后的民国政府，在法律架构上完全模仿西方，在刑事诉讼中没有建立死刑复核制度。不过，中国共产党领导的革命根据地在第二次国内革命战争时期、抗日战争时期、解放战争时期都曾实行过死刑复核制度。它们是现代死刑复核制度的开端。中华人民共和国成立后，再次建立全国范围内实行的死刑复核制度，并于1979年在基本法律中比较完整地规定了死刑复核程序。

对中国古代死刑复核制度的嬗变进行考察，可以发现，其萌芽于两汉，确立于北魏，定型于隋唐，完善于明清，历史悠久，沿革清晰，内容丰富，体系完整，功能明确，制度完备，特点鲜明，傲然屹立于世界先进诉讼法律文化之林，对现代死刑复核制度的建立和发展有着深远的影响。在死刑复核权上收至最高人民法院，死刑复核程序进一步完善纳入中央司法体制改革领导小组确定的司法改革项目的大背景下，对古代死刑复核制度的历史沿革进行考察，具有非常重要的现实意义。

家父般温暖的手

尹　田*

家福老师八十耄耋的寿诞快到了。我算了算，第一次见到家福老师时他才65岁。想到15年时间一晃就过去了，便有一种恍惚的感觉。

我生长在重庆的山沟里，近四十岁的时候，还没机会见什么大世面。对于那些法学界尤其是民法学界的重要人物，无法闻其声，更无法见其面，只能凭借别人偶尔的议论和书上印刷出来的名字，做出一些想象。到了1995年，我终于可以走出我的山沟，去参加民法经济法研究会的年会了。于是，我走到了一大群我基本不认识的人中间。好心人把我带到一个又一个赫赫有名的学者跟前，用一种我觉得有点儿像推销什么洗发水之类产品的方式，把我介绍给他们。他们多半会礼节性地微笑，和我轻轻握手，松开，然后继续和旁边的人说话。我则恭敬地点头转身，怀着至少被展示过的洗发水的愉悦，走向下一处"销售地点"。接下来，我见到了家福老师。

对于学者应当长得像什么样子，我的概念一直有些模糊。虽然我知道人不可貌相，尤其是做学问的人，相貌越丑陋，脾气越怪癖，往往学问做得越高深。但道理归道理，内心还是免不了怀有某些期盼。而在见到家福老师的时候，我一下子便知道了我心目中所想象的学者的模样，就应该是家福老师那个样子：从里到外浸透着"儒雅"二字。

家福老师伸出手来握住我的手，我感觉到他的手掌的温暖和宽厚，而且我感觉到这只手没有马上要松开的意思。家福老师微笑着看着我，我体味着他眼睛里面透出的睿智和慈

---

* 作者为北京大学法学院教授。

祥，便感到一种踏实和轻松。我听见他用一种柔和温软的声音叫我的名字，指出我留学法国的履历，还提到我那本刚出版不久的法国合同法的书，还问我山沟里的一些人的情况……从家福老师握住我的手到松开我的手，也许只有几十秒钟，或者几分钟，但在我的感觉中，却是一段很长很长的过程。十几年之后，我无法再回忆起那段感受的所有内容，但我能清楚地记得，在家福老师握住我的手的那段时间，我忽然觉得自己是民法大家庭里的成员，虽然默默无闻，但绝对不是什么“洗发水”。

十几年过去了，此间，有好多好多机会和家福老师见面，每次见面，总得握握手，每次握手，都会感觉到家福老师手掌的温暖和宽厚；而每次握手之后，都会感到一种踏实和轻松。于是，无论是在什么场合，无论那场合有多么重要或者所面临的问题解决起来有多么复杂，我都会心情愉快地微笑。因为我知道，只要有家福老师在，天就不会塌下来，即使天塌下来，也有家福老师顶住。

民法年会年年召开，大部分时候我都会参加，而且无意之中发现，不知道从什么时候起，自己在人群中竟也渐渐变成了老同志。有时，也会有好心人把某个年轻人领到我跟前来作介绍。这时，我总会微笑着，握紧那年轻人的手，愉快地说点什么，并且不会立刻把手松开。我知道我的手掌不会有家福老师的那样温暖和宽厚，但我想我能够通过那短暂的接触向年轻人传递我的真诚和关注，让他感觉到自己绝对不是什么洗发水，而是咱们民法大家庭平等而且重要的一员。

年轻人愉快地走开了。我抬眼望去，看见在不远处，年轻的民法学者们簇拥着家福老师，就像一个温馨的大家庭的儿女们簇拥着他们慈爱的父亲。一阵清凉的微风吹过来，轻轻地撩起家福老师的一缕白发，亮丽的阳光从那飘逸着的丝丝白发之间穿过，散发出无尽的温暖……

崇文宣武祭

郭云忠 *

日前，惊闻北京市四城区合并为两个，名为东城和西城，崇文和宣武将成为历史的烟云而不复存在。呜呼，崇文！哀哉，宣武！

中国人历来重视“名”，无论地名还是人名都非常有讲究。几年前我的一位农村亲戚喜得千金，为给宝贝女儿起个好名字，特地跑到几百里之外的省城，找他有文化的大哥。大哥自然也很重视，戴上老花镜，搬出《辞源》、《辞海》，足足查了大半天，终于长出一口气，摘下眼镜，合上辞典，高兴地对弟弟说：“既然是女孩，我看就叫‘静’吧。”弟弟鼻子都气歪了：“起这名儿还用跑这么老远找你！还用查字典！满大街都是这名儿！”

依我看，这个名字至少比“张三”、“李四”要好些，因为它毕竟是有所寓意、有所希冀，只不过是叫的人太多了。而从文化含量上说，东城、西城等同于“张三”、“李四”。试问，东城、西城、南城、北城有何文化蕴涵？能分清东南西北的人都能想出这样的名字来。而崇文、宣武则寓意深刻，如今却要遭受劣币驱逐良币的命运，成为历史的烟云！思绪至此，不由悲从中来。

实际上，我和崇文、宣武并没有太深的渊源。我生在农村，长在农村，后来进省城读书，再后来来京打工。知道崇文、宣武这两个地方，还是来北京后这十来年的事。但在我这几十年的人生记忆中，一直是和“崇文宣武”联系在一起的，毫不夸张地说，人生不外乎“崇文宣武”这四个字。

快乐的童年，是听着刘兰芳的评书《岳飞传》、《杨家将》长大的。至今印象深刻的是岳飞、杨六郎的文武全才和他们文能治国、武能安邦的不懈追求；天子上

---

* 作者为国家检察官学院副教授。

朝时文东武西的两班站立；武状元科场大比武的精彩厮杀；文谏死、武战死的悲惨结局；还有好战必亡、忘战必忧的历史教训等。

青少年时代，是发愤读书的岁月。读诗词曲赋，曾感动于统兵百万的曹孟德在赤壁横槊赋诗的悲壮，也曾感动于抗金英雄岳鹏举，不但能写出慷慨激昂的《满江红》，还能低声吟唱婉转凄凉的《小重山》；读国学经典，在《四书五经》之外，发现还有《武经七书》；读西方经典，除了《理想国》、《政治学》、《爱弥儿》，还有影响世界历史的《战争论》、《海军战略》、《制空权》。

现在想来，历史上的英雄人物，很难说得清他们到底是文人还是武士。文人身上有武士的气概，武士心中有文人的雅兴。像唐太宗李世民，一本《贞观政要》再加一本《唐太宗李卫公问对》，才能全面展示他的文治武功；枪杆子与笔杆子合在一起的理论，才能全面反映毛泽东的文韬武略。但相比较而言，儒家思想重文抑武。比如，孔子只谈周文王、周公，不谈周武王。古代帝王的谥号也能说明这一倾向，被谥为文皇帝就要比被谥为武皇帝评价高，比如后人评价颇高的唐太宗李世民，死后就被谥为唐文帝。历代传颂的《千字文》，也有重文抑武的倾向："吊民伐罪，周法殷汤。坐朝问道，垂拱平章。爱育黎首，臣伏戎羌。遐尔一体，率宾归土。鸣凤在竹，白驹食场。化被草木，赖及万方……"

如今，我们在"文"的方面是否正在衰落呢？我们的文化传统，我们的国学，我们的繁体字及书法艺术……我们在"武"的方面是否也正在衰落呢？体质的衰弱，医院的爆满，生孩子普遍剖腹产……

文明其精神，野蛮其体魄，追求的不正是"崇文宣武"吗？

归来吧，崇文！归来吧，宣武！

即使唤不回你的形，也要唤回你的魂！

雪山深处的冲动

冯亚东*

成都平原是一个被群山环抱的地区，而城市则居于平原的中心地带(海拔约500米)。离城西去约50公里，便开始进入属于青藏高原东端一部分的川西高原；往西南方向直线距离约240公里处，则是海拔高达7556米被称为"蜀山之王"的贡嘎主峰(据说其攀登难度远大于珠峰)。鄙人长期生活在喧闹的城里，对云遮雾绕宏伟神秘的贡嘎山总是心向望之；虽然十余次去到川西高原，但均由于距离、角度或天气的原因，从未一睹贡嘎之真容。2010年的"五一"大假期间，我和同事吴越教授驱车又分别从贡嘎东坡的草科、燕子沟两个方向进入，最终仍然是扫兴而归。

两月后暑假又来临，我蠢蠢欲动再探贡嘎。这次事先从网上搜集了大量信息，得知若从西坡进入贡嘎腹地，则能够近距离地观看主峰。2010年7月12日一早，我和吴越及昆明一摄影发烧友从成都出发驱车440公里，走川藏公路穿二郎山隧道经泸定铁索桥再翻折多山，于下午5时许在一位藏族大姐甲玛的带领下，登临贡嘎西坡的雅哈垭口(海拔约4200米，直距主峰约30公里)。当夕阳照射下6座银光闪闪一字排列海拔均在6000米以上的巨大雪峰凸显眼前时，我们激动得惊叫不已。但非常遗憾的是，贡嘎主峰藏在群峰之后只短短闪现了几十秒钟，我们还来不及打开相机留下"证据"便退隐云端。

当晚我们原路下山后，投宿在康定县甲根坝乡其卡村甲玛大姐开的"雅乐甲居"客栈中，准备第二天一早上山再望贡嘎。不料一觉醒来雨下得淅里哗啦，只好改向去往西边的另一秘境莲花湖。第三天游完五须海下山到九龙县城后，我

---

*作者为西南财经大学法学院教授。

们三人痴心不死，见天气晴好，于是又折翻4400米高的鸡丑山，准备改从六巴方向再进贡嘎。下午7时许，当我们历经艰险终于将车开上次梅垭口（距主峰约15公里的最佳观望点）时，能见度只有几米的团团浓雾将我们完全包围。在这前不着村后不着店的高原野地，我们可真算是进退维谷：回去心存不甘，向前路又不明。下车仔细观察：前方的碎石路面已呈下坡状并有新鲜的车轮碾压痕迹。我们判断再往前必有村落或人家，于是斗胆驱车再往前行。

浓雾中沿着陡峭的盘山路下行约六七公里，眼前突然一片金亮：在群山环绕几百米深的山谷底处，一片翠绿中矗立着三座红黄相间的藏式民居——活脱脱一个"世外桃源"；真可谓"山重水复疑无路，柳暗花明又一村"！下到人家处向老乡打问，得知前方还有人家，于是又继续前行；在一骑摩托车赶来的藏族老乡嘎玛的引领下，越野车从一座由5根原木搭建的便桥通过，到达了公路的尽头（再往前便只是一条通往石棉县草科乡的马道）。

大山旁小河边一座片石砌成的三层碉楼，便是嘎玛家的房子——在这雪山深处寒风瑟瑟气温只有8度的黄昏，我们倍感亲切犹如找到了自己的家。上得二楼是一约60平米的主厅，兼有厨房、餐厅、客厅、客房等多种功能。夜晚降临全家7口人汇聚一室，在主人们的热情招呼下我们很快也融入其中。在嘎玛妻子为大家做饭的同时，我们围着暖意浓浓的灶台和全家老少随兴摆谈。嘎玛夫妇年龄在40岁左右，上有60多岁的父母，下有一10岁的儿子和一5岁的女儿（当晚嘎玛16岁的妻妹卓玛也在场），家庭经济的运作主要靠放牧及少量的耕地，这段时间嘎玛每天上山修路能有点现金收入。从此地翻山过次梅垭口到乡上（康定县六巴乡）有近50公里，由政府投资数百万元硬生生在六七十度的山坡上辟出一条公路，乡民们大多骑自己的摩托车进出大山。旁边的小河里安装了水轮发电机，每家都通电并使用卫星天线看上了电视。

交流中我们由衷感到：藏族的乡亲们是多么的辛劳、朴实和善良。他们世世代代生活在这几乎与世隔绝的大山里，用自己的智慧和勇气去应对恶劣的生存条件；老一代人都活得那么安详平静——嘎玛和他的父亲用汉语给我们讲述着山里的故事，孩子们则对外面的世界充满好奇，围着我们带去的电脑津津有味地翻看八方稀奇。孩子们要读书可真不容易——过去不通公路时，卓玛是靠骑马顺溪流边的小路走大半天，下到石棉县的草科乡住校读小学，又到石棉县城读完初中(成绩是班上的前几名)，现在又考上了300公里外雅安市的高中，9月份又要离家去上学;嘎玛10岁的儿子则在六巴乡住校读小学。我们切身地体会到:国家对民族地区考生的照顾政策，其实根本无从弥补这里孩子们求学的艰辛——义务教育如何才算落实?

当晚同嘎玛一家人围坐一起，我们美美地饱食了一顿藏式汤面。第二天一早起来推开窗户，只见外面一片浓雾，我们惊呼上山又不能看到主峰。嘎玛却十分自信地安慰我们:山上起雾山下晴——就如你们昨晚来时的经历，山下有雾山上晴——此时垭口上会出太阳的。我们一阵狂喜后，在向嘎玛支付食宿费时却被拒绝，只是请我们以后再来时顺便带点旧衣服。我被感动得心头一震:这里哪有民族间的隔阂和抵牾，有的只是人对人的真挚与善待;百姓之间的交往也好，政府对下的管理亦罢，只要诚心相待就能得到融通理解(我们也给几个藏族孩子带来了快乐和欢笑)。所谓“民族”(Nation)，不过是近代以降欧洲人为相互争斗瓜分地盘而设的一种人为拟制——我们东方人究竟该如何去认同它呢?(不认同似乎又不太可能。)

离开嘎玛家再上行约15公里绕过80多个“之”字形的回头弯后，我们从海拔3200米的谷底返到4500米高的次梅垭口。在这清晨时分空旷宁静的大山深处，坐在这一团钢铁轰轰作响驮着我们使劲爬升的“汽车”怪物上，望着云雾中时隐时现弯弯绕绕逐级盘升落差高达1300米的“公路”，使人既奇奇怪怪却也真真切切能够感受：我们人类与自然之间，凝结着一种共存、相依、互动的关系——离缺人的自然，是无意义甚至是虚幻的自然;而客观物态的“存在”或“不存在”，其实都仅仅只是相对于人的理解和创造而言。“贡嘎山”之所以“存在”，是由于人们曾经看见;贡嘎山之得以“美丽”，是因为我们痴情赋予。

在次梅垭口停车后，我们又向北沿着山脊向上走行了约1公里，到达垭口的最高点。这里遍地仍然长满青草开着蓝黄相间的野花，可谓漂亮至极!坐在草坡上静静地眺望东方：云层散开霞光四射—— 一座巨大的雪峰蓦然耸立眼前，令人魂牵梦绕的贡嘎雪山——我们心中的“神山”——终于看到你啦！主峰前面又围衬的是几座白雪覆盖的山峰，一条条巨大的冰川从山顶直挂我们眼前。身处如此奇异瑰丽之幻境，不由使人飘然生出“一半在天上，一半在人间”之宗教般的情感。

激动之余想起一位登山者的名言：为什么去登山——因为山在那！是啊，没有“王石们”那般财力和体力的我们，为什么会不辞辛劳冒着危险也要来“看”山，不也是因为——山在那！既是依赖于自然而精神性地做人，便都会有一种对自然的好奇和眷恋，进而升腾为一种征服欲望之冲动；只是由于生存条件不同，冲动方式有别且释放途径各异。“嘎玛们”祖祖辈辈困守这雪域高原以刨取衣食，他们绝无可能像我们一样“吃饱饭找事干”，冲动时便去登山或看山，于是内心里固有之翻滚涌动的念头，便演化为一种这世间人之独有的对山神水神人神虔诚无比的崇拜——以补尘世之苦痛和不足，并求心灵的平静与升华。在人类的理性和能力对自然所无法达及之处，在我们的世俗生存处于平淡、苦闷和烦躁之时，便都会不约而同产生种种宣泄和解脱的方式，以至托付于那发自心底的统摄人与自然的伟大的“神”！

群山围抱更使人思绪万端：我们脚下的山头海拔为4635米，对面的主峰为7556米，下面十几公里山腰处的嘎玛家则为3200米；而离贡嘎主峰最近的山脚，却在东坡的海螺沟冰川景区下方的大渡河边，海拔仅有1200多米（大渡河对岸则是曾被叹为“高呀么高万丈”的二郎山——其实仅为3437米）。如此悬殊的高差，都集中在距离约40公里的范围之内——真令人称奇不已！而更为绝妙的是：山高一尺，念高一丈；变动中的自然界虽鬼斧神工诡异多端，但了不得的人类却随机应变智慧万般——妄图将这一切都了如指掌操控心间。虽然在终极意义上人类并无可能彻底地认识和征服自然，但实感欣慰的是：我们足以在自己有限之生命过程中，舒展于由自体信念所外化的自然！

眺望你们离去的远方

吕忠梅*

上周,我到台湾地区参加一个学术会议,主办方看到行程后问我:第一次来台湾,为什么不多留点时间体会台湾?我告诉他们:学生要毕业了,我必须回去。有人问,有这个必要吗?我很坚定:当然。台北的夜晚,窗外细雨沥沥,流溢着一种古老而宁静的幸福,我牵挂着你们的离校事宜,想象着你们的毕业典礼和将要签发的4182份毕业证书。我在想,每一份毕业证的背后,承载着你们的父母多少辛苦的付出、多少伟大的期盼,又含蕴着教师怎样的愿望、怎样古老的理想!那样的夜晚,我在电脑上敲击:即使不能亲手为你们做什么,也要守候你们成长的快乐与痛苦;即使不能亲眼看见你们走,也要面朝你们离去的远方眺望。

今天,我站在了这里,为你们颁发毕业证书,也要拨过你们学位帽上的流苏。此时此刻,你们是否真正感受到了毕业证书的分量?我们是否真正理解了毕业对于一所大学的意义?

毕业是一首古老而年轻的歌,它在不同人的心中唱响,或欢乐或忧伤,或高亢或悲凉,或激越或委婉。这些天来,你们的纪念册、山水藏龙BBS上的毕业版,各种留言接起来应该和腾龙大道一样长了吧。我今天想用“毕业”的英文——graduation——来诠释你们的毕业,因为它不仅没有“完成”、“结束”的意思,反而蕴含着开始、进步的意义。我想告诉你们,今天的毕业典礼,不是欢呼“结束”,而是庆祝开始;不是宣布“完成”,而是纪念进步。

三年或者四年前,你们来到藏龙岛以前,也许已成为父母的终身期待,也许已成为乡梓林间一个成功的标志,许多名望和财富的预期也已经模模糊糊和你

---

*作者为湖北经济学院院长,教授。

们联系到了一起，家乡中学的学弟学妹在用钦慕的眼光望着你。也许那个时候，你心中升起的不仅有对大学生活的无比憧憬，还有勃勃的雄心壮志。今天，三年或者四年已经过去，你们将要离开藏龙岛，经济师、会计师、律师、工程师、企业家、公务员、学者将成为你们的明天。但是，什么是你们的明天呢？一份比别人更好的工作？一笔比别人更高的收入？一个有更响亮荣耀的职务？同学们，在你们埋头收拾行李、忙着离校的时候，抬眼望望未来的路吧！

对于你们未来的路，我无法描述，因为有多少个人就有多少条路。但我可以肯定的是，未来的路不会又平又直，你们将遇到鲜花和坦途，也将遇到狭窄、拥堵、危险甚至无路可行。想到这些，我忧心忡忡。事实上，走向未来的过程真正是一个苦行僧的过程，你们需要理解多少东西才能免于自己的无知，需要保持怎样的坚定才能免于自己的无行，要克服怎样的犹豫才能狠下心拒绝诱惑，要怎样的自省才能在失落与失败面前从容淡定。因此，在走向未来的路上，第一个需要被攻克的阻碍，应该是你们自己。

毕业典礼致辞对于校长，是一首古典奏鸣曲。第一乐章是快板——抒情的漫谈；第二乐章是慢板——深沉的感悟；第三乐章是谐谑曲——诚恳的忠告。王尔德说："对于忠告，你所能做的，就是把它送给别人，因为它对你没有任何用处。"也有人说，自动送上门的忠告，没有价值、几乎注定被忘记、也可能永远不会被实践。但我相信，忠告是从来都不需要想起，却在某个夜晚，你抬头仰望的那片天空中闪亮的星星；是在某种时刻，你内心深处狂风暴雨过后的彩虹；是在某人面前，你恩仇尽泯的举杯一笑。

你们从幼儿园到大学，上过的课程都数不过来了吧。谈起课程，几乎与幸福无关，是不得迟到早退的纪律，做不完的作业，令人头痛的考试，还有老师不断的催促和家长不停的唠叨。但我最近在浏览最受大学生欢迎的课程时，发现哈佛大学有一门幸福课，虽然授课教师是一个名不见经传的讲师——塔尔宾·夏哈尔——一位哲学与心理学博士，但它的选修人数已经超过了哈佛的王牌课程——经济学导论。许多学生反映，幸福课和经济学导论一起，"改变了他们的一生"。

夏哈尔先生认为：我们来到这个世界上，最重要的是追求幸福，因此，幸福感是衡量人生的唯一标准，是所有目标的最终目标。通常，人们衡量商业成就，使用的是金钱标准，用钱去评估资产和债务、利润和亏损。人生与商业一样，也有盈利与亏损，但衡量的标准却不是金钱，而是幸福感。具体地说：在看待自己的生命时，负面情绪就是支出，正面情绪就是收入，当正面情绪多于负面情绪时，我们在幸福这一"至高财富"上就盈利了。所以，幸福就是快乐与意义的结合：一个幸福的人，必须有一个明确的、可以带来快乐和意义的目标，然后努力地去追求。而真正快乐的人，会在自己觉得有意义的生活方式里，享受它的点点滴滴。因此，我们必须要记住以下几个要点：

第一：遵从你内心的热情。选择做对你有意义并且能让你快乐的事情，不要只是为了轻松而选择，或者选择只是别人认为你应该做的事。

第二：学会失败。成功没有快捷方式，历史上有成就的人，总是敢于行动，也敢于失败。不要让对失败的恐惧，绊住你尝试新事物的脚步。

第三：接受自己。失望、烦乱、悲伤，是人性的一部分。接纳这些，并把它们当成自然之事，允许自己偶尔的失落和伤感。然后问问自己，能做些什么让自己感觉好过一点。

第四：慷慨。现在，你的钱包里可能没有太多的钱，你也没有太多时间，但这并不意味着你无法助人。"给予"和"接受"是一件事的两面，当我们帮助别人时，我们也在帮助自己；而当我们帮助自己时，也是在间接地帮助他人。

第五：运动和睡眠。有规律的锻炼是你生活中最重要的事情之一，每周只要3此，每次30分钟的体育运动将大大改善你的身心健康。虽然有时熬夜不可避免，但每天7~9小时的睡眠，是一笔非常好的投资，它会使你在醒着的时候，更有效率、更有创造力，也会更开心。

第六：勇敢。勇气并不是不恐惧，而是虽然心中恐惧，仍然勇往直前。

第七：表达感激。生活中，不要把你的家人、朋友、健康、教育等这一切当做理所当然。它们都是你回味无穷的礼物。记录他人的点滴恩惠，始终保持感恩之心，你的幸福感一定会不断上升。

课程无论多么受欢迎，所能教给你们的东西也是有限的，但它会在你们不同的人生中、多样的创造里、默默的奉献时变成无限。重要的是你们要学会在付出之前，让自己先变得“拥有”。我愿你们在走向未来的路上，懂得用爱心去呵护他人，感受到手拉手一起走的幸福；愿你们在走向未来的路上，懂得用热情去温暖世界，感受心与心相通的快乐。社会上有一些人，永远只能得到金钱和职务，我愿你们得到的更多——愿你们收到他人的感念、收藏自己的感动、收获生命的感悟！

同学们，窗外有清丽的湖水，也有软碧的草茵，我在这里见证你们的成长，你们的名字将镌刻在湖北经济学院的校史中。校史陈列在你们住过的宿舍里、你们借阅过的图书中、你们奔跑过的运动场上、你们晨读过的林间小径深处……也许我们不曾有一个古老幽美的校园，但我们的校园是因为有了你们的足迹而更美丽！你们是湖北经济学院的年轮和光阴故事，是湖北经济学院永远不会忘却的记忆！

眺望你们离去的远方，我想说，无论你们走得多远，都要记得看看身后的脚印、村庄、影子，告诉自己我是谁、属于谁，不要让心灵失去故乡！

眺望你们离去的远方，我想说，无论你们走得多快，都要记得看看前面的路标、路况、车站，知道自己从哪里来、到哪里去，不要忘记了为何出发！

眺望你们离去的远方，我想说，无论你们走得多难，都要记得看看身旁的同伴、行人、风景，明白自己为谁而喜、为谁而忧，不要一路唱着无词无曲的歌。

同学们，未来的路很长，一切都要你们自己去承担。希望你们记住，累了就回来，经院永远会为你们保留着座位！

谢谢大家！

长风破浪会有时

——致2010级新生家长的信

王政勋*

亲爱的家长：

您和您的孩子在经历了漫长的期待、艰辛的努力和艰难的选择之后，终于收获到了他的第一份成功。也许您和孩子正为这一成功欢欣鼓舞，一种"春风得意马蹄疾"的幸福感笼罩在你们的心头；也许在您和他的心灵深处也还有些许遗憾，遗憾他本可以考出更好的成绩、取得更大的成功。但无论如何，近20年来的奋斗终于有了初步的回报，这无论如何也是值得高兴、值得庆祝的。

我们刑事法学院的全体同仁欢迎你们，欢迎你们来到西北政法大学，来到刑事法学院！

大学是知识的海洋，是人格养成的净土，是连接校园与世界的桥梁，是完成人的社会化以服务社会的职业训练所。这里有张扬的青春、弥漫的活力，这里有薪火的传承、智慧的碰撞。自近代大学在中国建立以来，多少莘莘学子在这里焚膏继晷、含英咀华，多少青春骄子在这里流觞曲水、逸兴遄飞，国家的发展、民族的进步、文明的传承，都凝结着大学的心神、流动着大学的气韵。但是，"大学里也出了不少废物"——无论是那些"常春藤大学"还是其他的校园；问题的关键，不在于上了何等大学，而在于，您的孩子将如何度过这四年大学生活！

他应该在这里跋涉艰险的书山、畅游知识的海洋，独上高楼望断天涯路，破万卷之书、涉百家之学——法学的、哲学的、文学的、史学的，还有其他社会科学的、自然科学的，与知识、智慧、正义、理性进行"灵魂的沟通"，致广大而尽精微。

他应该在这里学会与人打交道，除了和出身于不同家庭、来自于不同地域、

*作者为西北政法大学刑事法学院院长。

性格各不相同、气质各有差异的男生女生亲密相处、共度青春，向或年长或年轻、或学识渊博或才华四溢的老师求学问道、共续弦歌外，还要和那些或心存善意或居心叵测、或萍水相逢或相濡以沫、或平等交往或尊卑有序的各色人等打交道，学习他人的长处，宽容他人的短处，记住他人的好处，体谅他人的难处。

他应该在这里养成健康的心理，完善的人格，诗意的境界，明明德而止于至善，使自己品格达到真、善、美的完美结合，使自己的境界达到知识、功利、道德与审美的完美统一。

他应该在这里体验“天下兴亡，匹夫有责”的古训，在国家强盛、民族繁荣、文明传承、社会进步的宏图大业中筹划自己的未来、规划自己的人生。

这些年来，您肯定已经对孩子的未来进行了初步的设计，为孩子健康人格的养成付出了大量心血。现在，您将他交给了西北政法大学，交给了刑事法学院，我们将和您一起，共同完成对理想远大、心灵澄明、慎思明辨、践履笃行、敬业乐群、仁民爱物的人才的培养。

西北政法大学已有73年的历史。在抵抗外侮、反抗独裁的历程中，西北政法大学的前身“陕北公学”功业赫赫；建国后，无论是始建国时的百废俱兴还是改革开放以来的蓬勃发展，西北政法大学学子们繁忙的身影都奋战在祖国各地的各条战线上。七十余年来，这里形成了“严谨、求实、文明、公正”的校训，形成了以教学科研为中心、教学与科研并重的大学治理模式，形成了面向法治实践、重视实践教学、培养应用型法治人才的人才培养模式，这一人才培养模式已经使成千上万的学子们受益，您的孩子也将在这一人才培养模式的规训和培养之下，成为共和国合格的法律人才。

扎实的专业基础，丰博的知识积累，健康、完善的人格，心系天下苍生、肩扛人间正义的责任感和使命感，将使您的孩子在中国现代化法治建设的历程中，在中华民族伟大复兴的事业中，建功立业、长风破浪！

我们将共同完成对他们的塑造和培养，陪伴他们在青春的校园度过未来四年激荡的青春年华；我们将共同祝愿他们人生的完满和事业的成功，祝福他们在中华复兴的伟大事业中实现自己的理想，成就自己的伟业！

时间·眼睛·飞

——刑事技术专业2007级毕业致辞

吴志刚 *

我们每个人都生活在眼睛的世界里，不论是自己的，还是别人的。故而今天就用“眼睛里的过去”来回忆那些难忘的日子，用“眼睛里的未来”以叮嘱今后未知的人生，用“时间里的飞翔”以表达我对你们的祝福。

一、眼睛里的过去

当我开始启动记忆来寻找你们以往身影的时候，一幕幕曾被眼睛所记住的影像便真的犹如画卷一般展现开来。

很偶然的一次机会，在某位学员的QQ空间里发现了刑技一班的倒功视频。随着摄像头从左起第一排开始移动，我看到了刑技一班男生的那些青涩的身影，尤其是在倒功前还做了阿门动作的你们……伴随着《怒放的生命》，眼睛中的男生影像开始逐渐清晰和真实起来：有的学员总是喜欢到别人的宿舍打电话，有的学员在跑步时竟被误认成特警学生而“惨遭”过“毒手”，有的学员竟然不参加完期末考试就回了家，有的学员因视头发如生命而就是不愿理短发，有的学员总是不太喜欢出早操，有的学员的走路姿势一直不符合标准，有的学员带着其自称是“老乡”的女孩在中山陵被我偶遇，有的学员在栖霞山秋游时自称因为和老和尚聊天而脱离了队伍，有的学员躲起来抽烟结果却被学生处处长抓到……

对着电脑里的身穿警服的女孩的入学照片，我看到了短发的阳光女孩、留着半缕刘海的女孩、淳朴聪慧的女孩、善良的大眼女孩、可爱的单眼皮女孩、表

---

* 作者为南京森林警察学院教师。

情严肃的女孩……可现在,这些女孩们长大了,也变得越来越漂亮了:有的已经成为了中共预备党员,有的已经成为了"楠哥",有的在"警校十佳"评选活动中排名第一,有的荣列"07级十大美女"排行榜……

请原谅我很可能没有将你们中间的每个人都描述一遍,也请原谅我没有把你们的优点过多地拿出来进行炫耀。但请放心,也许多年以后,我会于某个午后在食堂前的水池边,会于不经意间轻轻地想起你们的名字和你们的故事,会记起那些和你们一起共度的"有事没事要集队、经常提个马扎去开会"的日子。

当然。我也会如同你们一样开心地记起校园里的"要啥有啥"的"军火老太"和"修鞋老太"的"黑店"……

二、眼睛里的未来

说句实话,其实到现在我还在怀疑,我究竟教会了你们什么?或者给你们带来了什么?但不管怎么说,我衷心祝愿你们在以后的人生中会走得越来越好、飞得越来越高。还记得初次给你们谈话的主题是"让我们荡起双桨";但一转眼之间,今天的主题便更偏重于"祝福你们能永远地高高飞翔"。而这种祝福只能通过几点叮嘱来表达。

第一,尊重法律之心不可无。尽管现实中的法律还不能完全表达我们的真实意思,尽管我们在执法过程中还有许多不尽如人意之处,尽管在司法过程中还有冤案或错案发生,但这些都不能也不应阻碍我们对法律的敬畏和信仰。曾记得电影《我是山姆》中的露西为了和弱智父亲山姆多待一些时日,便主张两个人逃跑,结果却遭到了山姆的反对,因为后者认为这是不好、是违法的,可怜的山姆从来没有怀疑过法律的品质。对于我们来说,缺少的就是这种对法律的信仰精神。为此,我们应当把法律当做信仰来对待,而非当做一种维稳或统治的工具。也就是说,我们所追寻的应当是"依法而治"和"信法而治",而非"用法而治"和"以法而治"。因为前者主张公权力及其拥有者应当受到必要的限制,人民高于政府和政府应当服从于人民,表达了信法和敬法的价值,强调了政府治理的不能违法性,体现了法律至上;可后者所反映的只是把法作为一种手段或工具来治理社会和统治人民的理念,其突显了治理,而忽略了信法和敬法的精神追求,即当法有利于统治则抬出法律,而当法律不利于统治的时候,就必将被抛到九天云霄之外。尤其是我们这些以法律为谋生工具的人,更应将对法律的信仰内化到灵魂深处,甚至绝不能通过牺牲法律的权威来换取一人一时一事上的公正,绝不轻易以"破"字当头来打碎现有的法律体系。如果把这种精神和理念延伸到日常生活中的其他方面,即正如我经常呼吁的那样,在我们的身边,有很多如"纸枷锁"般的制度存在,除非我们能通过合法、合理途径来改变这些制度,否则我们必须要无条件地加以服从。也就是说,只有先承认、尊重和信仰法律制度,才有可能改善和维护法律制度。

第二,保护自己意识不可缺。坚持原则、注重程序、规范执法的目的不仅仅是保护别人,我认为其另外的一个很重要目的也在于保护自己。我们不能纵容自己因为工作中的一点瑕疵或程序不到位而将自己置于不利的境地甚至是把自己送进监狱,因为我觉得果真如此的话,很不值得,让人很痛心。我们甚至也不能纵容自己因为工作中的些许不严谨而阻碍自己前进的脚步。尊重百姓、敬重弱者、服从上级、敬畏生命、注重人权、正直善良、与人为善和热情服务等等,从特定角度而言,这些本身其实都是很好的保护自己的策略。如李步云教授说过:"因为法是为维护社会公平和正义的,所以学法的人在品德上应该是公正的;因为法是为人民服务的,所以学法的人要对人民忠诚,要有敢当孺子牛的精神。要去掉一个私字,公字当头,不能有一丝杂念。"也正如某位网友所说的那样:"不要做违法乱纪的事,做老实人,遵守各项规章制度。制度对别人不行,对你是永远管用的。包括按时上下班、按规定着装、开会凑人数等。"其实这些看起来很不起眼的举动,却往往都是保护自己的最重要的方式。希望我们都要多保重,不只是保重身体,还要保重自己的声誉。尤其是在座的将来基本都要从事警察这个极具危险性的职业,咱们都要"悠着点",要对自己和家人负责。

第三,生活才是最重要的。再多的学习和再多的努力其实都是为了更好地活着,为了提高我们的生活质量,不仅要提高自己的生活质量,也要提高别人的生活质量,既包括自己的家人,也包括与我们一样生活着的陌生人。我曾和一些学生探讨过这样一个问题:“人这一辈子,什么才叫成功?”我记得当时我是这样表达自己观点的:一个人能有个让自己感觉比较舒服的工作,而且能通过合法赚到的钱,把自己的父母孝顺好,把自己的孩子抚养好,能给自己的亲戚朋友提供力所能及的帮助,能做到这些,就已经很不容易了,其实就已经很成功了。而且生活不容易,要学会快乐,要平和生活、要助人为乐、要凭劳动获得果实,只要不懒就总有饭吃……所以我们在努力的时候,不能为了自己的所谓的“发展”而丧心病狂、走火入魔,不能伤天害理和拿别人做垫脚石,更不能使自己众叛亲离,因为我们还要生活,因为我们所做的一切其实都是为了自己能活得更好,同时也是为了所有的人活得更好。

三、时间里的飞翔

《楚辞》有云:“悲莫悲兮生别离,乐莫乐兮新相知。”路遥也曾说过:“好了,离别的时刻就要到来。我们都要像离巢的鸟儿般飞向四面八方。不管在哪一个天地里飞,我们都得将开始用自己的翅膀飞。这就是说,我们要开始独立生活了。”

祝福大家以后活得更好,而且我希望当你们获得成功和喜悦的时候,你们能让我分享你的成功与喜悦。最后还是忍不住要再重复叮咛几句:尊重法律、坚持原则、注重程序和规范执法,不仅是为了保护别人,其实也是为了保护自己;好好学习、好好做人和好好工作其实都是为了我们能更好地活着,能更好地提高生活质量;总之,在你们高高飞翔的时候,千万别忘了,一定要时刻检查自己是否还系着“安全带”,千万别忘了还有那么多的眼睛在看着我们呢!

还有我们都要做个好警察,而不是好警“官”!

传统与现代

林莉红*

【作者按】2008年8月至2009年1月期间，我和我的研究团队一起访问了六个亚洲国家，考察这些国家公益诉讼的立法和实践。回来后大家分别撰写了考察报告。六个国家的考察报告将汇集成书出版。这是为书稿作的序言。

一

2008年8月8日，我们一行七人，从武汉出发，经香港转机后，于傍晚时分抵达菲律宾第二大城市宿务，开始了我们亚洲国家公益诉讼考察之旅。放下行李第一件事，自然是打开电视，收看举世瞩目的奥运会开幕式。几乎所有的人都在关心，北京举办的这个盛会，将如何以现代的方式，展示中国悠久的文明和神韵；又如何表现古老的中国在新的时代所具有的热情、开放、和谐与发展。

在接下来的日子里，我们马不停蹄地去到菲律宾、印度尼西亚、日本和韩国。在这些国家的首都和其他地方，我们访问了法院、大学、律所和民间机构，与法官、律师、学者等进行广泛的交谈、交流。每天的日程都安排得满满当当，直到8月最后一天的晚上回到武汉。以后，在2008年的10月和2009年的1月，我们又分别访问了印度和马来西亚。

印象很深的一个场景是在印度尼西亚万隆附近的一个小村庄。我们席地盘腿坐在村里的小办公室里，听当地村民介绍他们自己如何组织起来，与污染农田的工厂谈判，了解印度尼西亚社区法律援助协会在支持村民自我赋权中取得

* 作者为武汉大学法学院教授。

的成就。屋外是汽车开过后扬起漫天灰尘的碎石路、收割过的稻田、好奇地打量我们的孩子，还有啄食的小鸡。屋内，我们坐在传统图案的地毯上听着村民的介绍，陪同我们来访的社区法律援助协会的 Dhoho A. Sastro 先生拿出笔记本电脑和投影仪展示污染、培训等情况，我甚至发现他电脑里用的操作程序是微软最新的 Vista。当投影仪射出的图像打在斑驳的墙上时，我脑海里出现这个题目——"传统与现代"。

访问期间，处处可以看到传统与现代的对比。在宿务，Shopping Mall 与街边小店并存，在现代化巨型购物中心里，摆满贴着我们熟悉商标的商品，信用卡通行无阻，你一点也分辨不出这是在哪个国家。而在不远处，就是具有传奇色彩的"麦哲伦十字架"和建于 16 世纪的圣婴大教堂。在马尼拉，装饰现代的中央政府机关办公楼与拥挤的贫民窟只一墙之隔。在雅加达，穆斯林礼拜的召集声响彻在车水马龙的街区，现代化豪华酒店外面宽敞但却没有人行横道的大道上，人们小心地躲过车流快速穿过。尽管高楼大厦林立，地铁四通八达，但东京和汉城的日式、韩式餐馆大多还需盘腿而坐。在日本东京，我们每天一溜小跑地跟着来自 Human Rights Now 的志愿者、北海道合同律师事务所的芝池俊辉先生穿梭于地铁、街道和大楼之间，访问律师、法官和学者，体会到东京的繁忙与紧张。在人流如海的东京地铁站，还缺乏足够心理准备的我们，第一天早上就差点走失了一位忙于拍照的同事。而在北海道的小镇留边等待上午 11 点的火车去札幌时，整个镇上似乎只有我们一行人，那里的宁静与人烟稀少也同样令我感慨。

从亚洲四国访问回来的第五天，9 月 5 号，我们武汉大学社会弱者权利保护中心代理的徐建国诉黄州市交通局政府信息公开案在湖北省黄州市人民法院开庭（这个案子后来入选由人民网、新华网、央视网、中国法院网联合主办的，首次由网友投票评选出来的 2008 年中国十大案件）。我和原告徐建国律师，以及中心的同事万洪、志愿者小平一早赶到黄州，参加庭审。由于黄州市法院新的大楼里缺乏大法庭，考虑到旁听人员较多，法院安排庭审在黄州市人民法院旧址的大法庭举行。这个法庭是建于 1987 年的一栋独立建筑，已经显现出年久失修的样子，窗户透风，庭审时常可听见窗外的狗叫声和人们的吆喝声。可是，就在这个老式破旧的建筑里，却有无线信号的屏蔽设备，开庭时手机和电脑无线网络都不可用。黄州是历史文化名城，又是革命老区。我坐在法庭的长条椅上，一边听着开庭，一边在想，在黄州的这样一个法庭里，一个普通的老百姓与政府机关对簿公堂，辩论政府信息公开这个时髦话题——这在由今天至上溯几千年的中国历史长河的任何阶段都不可想象的事情发生在我们的面前。“传统与现代”这个主题，再次浮现我的脑海。

二

这是一个全球化的时代。今天，很少有人打开个人电脑时，不见到那个绚丽闪出的著名的“窗户”。全世界大城市的街头都有 Nike、Benz、Samsung 的广告，机场的免税点都出售 Dior、Gucci，可口可乐差不多在地球上任何角落都能找到，而麦当劳和星巴克似乎同样受到西方与东方的孩子以及年轻人的喜爱。中国汶川发生地震以后，地球那边的人们和我们几乎同时知道。金融危机和流感一样，一旦爆发，就可能“席卷全球”。虽然过去了十多年，但我至今仍然印象深刻的一个镜头是，1996 年在香港掀起保卫钓鱼岛运动，当组织者举起拳头高呼抵制日货时，摄影师的特写让观众注意到他肩上斜背着的照相机的带子上清晰地印着“Sony”。

当时光进入 21 世纪，几乎所有的亚洲国家，都在传统与现代之间辗转、徘徊，寻找共鸣。一个简单的道理，我们既要接受现代文明与进步，又会保留传统的文化；既要享受现代科技带来的效率、便捷，也会不自觉地保留习惯的生活方式。面对现代化这样一个全球范围的巨大的社会变迁，当我们向前加速奔跑的时候，需时时停下来反思，如何与时俱进而又独善其身？都说和平与发展是当今的时代主题，第三世界国家如何发展？后发国家怎样在经济上赶超发达国家的同时，保持政治的独立、文化的独特？又如何在摒弃糟粕的同时发展自己的文化？——或者说在保持自己传统的同时吸收先进文明与理念？

而且，什么是传统？什么又是现代？2008 年 10 月访问印度时，我在思考，对印度来说，是古印度以《摩奴法典》为代表的印度教法是传统，还是 16 世纪莫卧儿王朝统治时的伊斯兰教法是传统，抑或19世纪从英国植入的普通法系统是印度法律的传统？当2009的印度，面对国际化和多元化的趋势，法律又是如何应对的？而2009年1月对马来西亚的访问，我也在探询，作为地处古代先进国家之间，深受中国、印度、伊斯兰文化影响，而又饱受外来殖民入侵的国家马来西亚，什么又是它的法律传统？1957年马来西亚独立前的英国法律，对它来说，究竟是属于传统还是现代？日本在受到中华法系法律文化深刻影响的同时，在明治维新之后引进大陆法系德国的法律体系，第二次世界大战后又受到美国法律的影响，什么是它的传统，什么又是它的现代？韩国法律的发展具有和日本相同的轨迹，现当代则还有明显的学习日本法律的倾向，全球化所带来的对共同法律规则的要求究竟对他们的法律制度产生怎样的影响？在各国纷纷进行法律改革的同时，必然遇到的问题是，如何建立有自己特色的现代法律体系？

其实，传统和现代之间从来就不存在决然的隔绝与对应，任何一个国家，一种文化，如果仔细考察它的历史，都会发现它一直就存在于传统与现代的融合之间，存在于保留传统、发扬文化与接受先进文明之间，否则它可能无法生存和发展。正如人不能两次踏入同一条河流，我们每天都在接纳现代、延续传统。

三

公益诉讼是一个现代的话题，是伴随二战以后各国民权运动的开展，在国际人权运动的推动下兴起的。虽然公益诉讼作为一个概念发端于美国，但亚洲国家在探索自己发展道路与解决转型时期问题时也多有尝试。通过公益诉讼，人们揭露转型时期的社会问题，揭示矛盾真相，推动法律改革，促进社会变迁。透过日常的诉讼程序，公益诉讼以和平的方式促进着民主、人权、平等理念的实现。从某种角度说，公益诉讼连接传统与现代，承载化解社会转型时期利益冲突、引导观念变革的重任。只是，这个重任不是被赋予的，而是各国人民在自己的发展道路上自发创造、自然形成的。同时，从普通公众参与国家和社会事务管理的角度，公益诉讼也是公民社会兴起和日渐独立的标志，而这也正是社会现代化的内容之一。

与经济较为发达的欧美国家不同，亚洲国家的经济发展水平相近，具有近似的社会环境、历史背景和文化传统。历史上，各个国家彼此之间多有联系，中华文化对南亚、东亚等国文明的形成也不乏影响。而在当今，亚洲国家也面临着许多共同的问题，如贫困、人口、环境、发展等。同时，每个国家的人民又都有着自己特殊的问题。这些问题产生于各自国家深刻的社会背景之下，体现着社会转型与发展时期的利益冲突，交织着传统与现代的理念碰撞。菲律宾的民间组织致力于法律援助、失踪者保护；印度尼西亚的民间组织热衷于对草根民众的赋权教育及推动；日本的公益律师孜孜追求的是环境、药害、消费者权益保护以及因战争等历史原因形成的弱势群体的权益保护等问题的解决；而韩国在伴随着民主化运动兴起的人权运动中，公益律师们对劳工权益保护、消除歧视、环境保护充满兴趣和热情。正因为如此，各国蓬勃兴起方兴未艾的公益诉讼与公益法运动表现出不同的重点和方式。马来西亚以白沙罗华文小学保校运动为典型，采取的是游说、宣传等政治上的方式，运用政治手段，借助社会力量，充分利用媒体，来推动问题的解决。印度在法官的积极能动之下，发展出独具特色的公益诉讼，从某种程度上推动了法律的发展。印度尼西亚充分调动草根阶层自己的热情和力量，进行公益维权。总之，在技术上，公益维权人士采取了多种多样的方式。包括法律上的方式，如诉讼；也包括政治上的方式，如游说、宣传、媒体等。无论采取何种方式，都体现国家与社会、官方与民间的互动与博弈。可以说，方式的采取，是公益维权人士探寻官方底线的结果。这个底线包括法律的明确或不明确的规定，也包括政治上的容许程度。不同的国家，政府的底线是不一样的。公益维权人士一个共同的特点是以和平的、非暴力、非革命的方式维护社会弱者的权利。他们不参与政治、不谋求政治发展，而试图通过现有的法律制度与诉讼程序挑战各种不合理的制度，揭示社会问题，谋求问题的解决和弱势人群权益的维护。

所有这些，在让我们了解不同的国家在全球化与国际化的时代背景下公民参与的多样性和广泛性的同时，也向我们展示，一个活跃的公民社会对民主兴旺、法制发展和社会进步所可能发挥的极其巨大的作用。

四

中国是一个在当今世界具有举足轻重作用的发展中的大国,而又处在社会转型时期。这种转型不可能一蹴而就,而是有一个持续地实现社会系统结构乃至各方面社会制度现代化的过程。在这个过程中,利益冲突不可避免。如何解决利益冲突与协调社会矛盾?以何种方式实现国家和社会的互动?选择何种路径实现现代化?在对这些极其复杂而难有答案的问题的追问中,我们需要探寻的具体问题是,为什么选择公益诉讼?公益诉讼对于促进中国法治文明和现代化究竟有何作用?

解决问题要采取可能使问题得到解决的手段。实际上,在中国提起公益诉讼的很多问题在法治发达的国家和地区可能是通过政治手段解决的,如游说、请愿、抗议,甚至集会游行示威。在中国,现阶段政治手段不够畅通,观念上也不认同政治手段。在中国的政府看来(不一定是中央政府,也不一定是所有的地方政府),集会游行示威等政治手段是不可接受的,甚至当事人人数众多的诉讼都是应当戒备的。而在揭露问题时,媒体也受到很多的限制。但是改革开放以后,我们可以运用法律手段解决问题;行政诉讼法实施以来,民可以告官,尽管不被官员们从内心认同,但至少已经在表面上不被质疑。因此,遇到问题时,尽管也会运用媒体,但是,最主要的是,使用诉讼这样一种和平、缓和、非对抗的方式,以能够拿到桌面的理由提起诉讼,是符合社会正当性而最易被政府接受的方式。而与我们形成鲜明对比的是,域外很多地方立法上都有令我们羡慕的关于公益诉讼的明确规定——但实践中的运用却并不普遍。如尽管日本行政诉讼法上有民众诉讼的规定,但实践中公益律师们对民众诉讼的规定似乎并不重视。再以我国澳门地区为例,尽管澳门行政诉讼法典也有关于公益诉讼的规定,对起诉资格的规定非常宽泛,赋予普通澳门居民全面的诉权,堪称完善,但是到目前为止却从未形成一个真正的民众诉讼案件。这并不是说澳门社会没有引起公众关注而可以提起诉讼的案件,比如围绕澳门松山灯塔前建筑的审批问题,澳门民众也多次向市府抗议，以及采取媒体宣传的策略，但是，没有个人或者组织依照法律上已经有的规定和权利提起民众诉讼。因为这类事件实际上还是要由政府当局最终解决。可见，如果其他的方式可以引起社会关注，可以表达自己的意见，从而获得解决，恐怕人们还是不会愿意采取诉讼这样一种略显激烈、成本也较高的方式。所以，采取何种方式使问题得到解决是一个各方博弈和选择的结果。

尽管对现代化的理解可能不同，但民主、参与，一定是法治现代化的题中应有之义。传统民主主要是议会民主。公众通过议会参政议政，通过议会监督行政、控制行政。作为一种间接民主，如卢梭所言："人民只有在投票时才是主人，投票完毕便成为权力的奴隶。"随着社会发展和文明进步，尽管议会民主仍然是民主的主要的和最为重要的形式，但公众越来越多地要求直接民主；而物质条件的改善也使得直接民主的实现变得更加具有现实性。我国近年来的立法也越来越多地赋予了普通公民参与国家管理的权利。1996年修改的《刑事诉讼法》第145条、第170条扩大了自诉案件的范围，赋予了刑事案件被害人在一定情况下提起诉讼的权利，这是在刑事诉讼中扩大司法民主的体现。行政法上的听证制度是公众直接参与行政管理和行政决策以及作出行政决定过程的典型。《行政诉讼法》的司法解释"要求主管行政机关依法追究加害人法律责任的"可以提起行政诉讼，则是行政诉讼活动中扩大公众参与的例证。而2000年制定的《立法法》则从多方面规定了公众参与国家立法的权利和程序，除了规定法律、行政法规在制定过程中要采取座谈会、论证会、听证会等形式听取意见外，还规定国家机关和社会团体、企业事业组织以及公民认为行政法规、地方性法规、自治条例和单行条例同宪法或者法律相抵触的，都可以向全国人民代表大会常务委员会书面提出进行审查的建议，后者成为近年来公民大量提出公益上书的依据。

公益诉讼实际上是在一个缺乏公众参与、缺乏民意表达机制的社会，公众利用现有的司法制度参与国家管理的重要形式。民众的意见总是会以某种形式表达出来的，就像涓涓溪流，总会流到周遭环境允许它流到的地方，这大概也是不以人们的意志为转移的规律。观察当今中国，公众普通所利用的两种表达途径便是这一规律的表现：一是对互联网的充分利用，我们看到，具有公开、互动特点的互联网一经出现，就被迅速运用，诸多重要的社会事件通过互联网得以曝光，不少问题通过互联网得以解决。例如陕西“华南虎事件”在网民不依不饶的关注下足足引起国人瞩目达8个月之久，最后得以真相大白。另外一个重要形式就是公益诉讼。公益诉讼的实质是公民通过日常的司法制度和诉讼活动，参与社会管理，介入公共利益维护。因此，公益诉讼是司法民主的体现。这种直接民主，应该是当今社会民主参与的一种重要形式。

1996年以来，中国蓬勃开展的公益诉讼正是以这种和平的、体制内的方式，将社会转型时期之利益多元化背景下尚未被主流意识关注的问题，暴露于社会，并通过各方努力，促使问题得到解决的。近年来，公益诉讼在全国范围内大量发生，案件所涉及的领域已经从起初的消费者权益保护转向环境保护、城市规划，以及以平等、反歧视和国家权力与公民权利良性互动为主题的公民权利案件。公益诉讼和结合公益诉讼展开的公益法活动，似星星之火，点缀着我们国家法治文明的发展之路，让其实现途径丰富多姿，使得崛起的中国更有活力。

我们身处一个变革的时代。传统与现代之间，个人及其努力都是如此渺小。不过，还是希望我们为此所做的每一点工作，包括我们的这种考察和探寻，都是在为使我们的国家变得更加美好、为社会的文明与进步而添砖加瓦。

《西方犯罪学史》写作缘由

吴宗宪*

1997年，历时8年完成的拙著《西方犯罪学史》由警官教育出版社出版。这部150多万字的厚书出版后，在犯罪学界引起了一些反响。不熟悉的人与我见面后往往感到很惊讶，因为他们推测，写这样一大册历史书的作者，应当是一位老者，而见到的却是一位年轻人（当时30多岁）；熟悉的人见到我后也感到惊讶，不知道我为什么要花如此漫长的时间去写这样一本厚书。现在，4卷本的本书第二版即将由中国人民公安大学出版社出版，借此机会梳理自己当初写作这本书的缘起，以回应大家的关心。

回顾自己1988年在25岁左右开始写作这本书的情况，感到以下几个方面大体上可以构成写作本书的主要缘由或者原因。

一、受新中国成立后第一部部编大学教材《刑法学》中有关内容的启发

尽管在我国目前的情况下，刑法学已经发展为一门强势学科，而犯罪学仍然属于弱势学科。但是，毫无疑问，对于我自己而言，最初的西方犯罪学启蒙却是从新中国成立后第一部部编大学教材《刑法学》中的有关内容开始的。1982年，当我还在西北政法学院（即今天的西北政法大学）法律系读书时，看到了由高铭暄先生主编、法律出版社出版的教材《刑法学》。我的印象中，这可能是这套高等学校法学试用教材中的第一本，因为我在1982年决定报考刑法专业研究生

* 作者为北京师范大学刑事法律科学研究院教授。

与这本教材很有关系。当时,在刑法学任课老师徐汉亭先生的启发下决定报考研究生时,对于自己以后究竟学什么专业,并没有明确的想法,但是,当看到这本《刑法学》时,很快就决定报考刑法专业的研究生,原因很简单:这本由当时国内刑法学精英编写的教材概念清晰、体系完整、内容新颖,与我们上课时使用的油印教材相比,无论是在内容方面还是在装帧方面,都有很大的改善,很有利于自学和复习。正是这本教材引导我踏上了进一步学习刑法学的道路(可惜的是,现在并没有沿着这条道路走下去)。

这本教材也激起了我对于西方犯罪学的最初兴趣。因为在这本教材中,有两章论述了西方犯罪学的内容,就是该书的第6章和第7章。在第6章"犯罪概念"中,在批判性地论述剥削阶级国家的犯罪概念时,提到了资产阶级刑法理论中的一些概念和人物,例如,"刑事古典学派"、"实证学派"、"刑事人类学派"、"刑事社会学派"、"加罗弗洛"(即 Baron Garofalo,今天更多地翻译为"加罗法洛")、菲利、克拉伦斯·杰弗利(Clarence R. Jeffery)、黑尔曼·曼海姆(Hermann Mannheim,今天更多地翻译为"赫尔曼·曼海姆")、赛林(即 Thorsten J. Sellin,今天更多地翻译为"塞林")等。

在第7章"犯罪现象及其原因"中,批判性地介绍了剥削阶级国家的犯罪现象及其原因,其中提到了恩格斯、马克思对资本主义国家犯罪现象的研究,龙勃罗梭关于"生来犯罪人"的学说,菲利和加罗弗洛的学说,还提到凯特勒(Adolphe Quetelet)、李斯特、胡顿(Earnest A. Hooton)、林茨(Adolph Lenz,今天更多地写作 Adolf Lenz 并译为"阿道夫·伦茨")、迪·杜里奥、巴恩斯(Barnes)和蒂特斯(Teeters)等。对于这些内容的介绍虽然很简单,而且是批判性的介绍,但是也令人感到新鲜,萌发了我最初的对于西方犯罪学史的兴趣。

这本《刑法学》教材篇幅不算小,书中那么多真正属于刑法学的内容并没有引起我的兴趣,唯独"附带"简要讲述的非刑法学内容却吸引了我的注意,这不能不说是有点奇怪。后来一想,这可能反映了我与西方犯罪学史领域的独特缘分吧!

二、缺乏内容详细、可靠的国外犯罪学书籍的激励

缺乏满足自己兴趣的书籍，也是促使我在这方面钻研和写作的原因之一。1983 年，我进入刚刚成立的中国政法大学(原北京政法学院)研究生院，作为该院的第一届刑法专业研究生攻读硕士学位。在学习读书期间，我较为系统地学习了邵名正老师等主讲的犯罪学课程，阅读了当时油印的教材和铅印的一些教学参考资料。例如，北京政法学院刑法教研室 1982 年 6 月编印的《外国刑法研究资料》前三辑中有不少这方面的文章；特别是童颜老师在讲稿基础上编写、中国政法大学劳改法教研室 1985 年 5 月编印的《资产阶级犯罪学简介》一书，较为系统地介绍了资产阶级犯罪学的简要历史，提供了有关西方犯罪学史的更多信息。此外，郭翔、许前程等在 1985 年编印的《外国犯罪学研究资料专辑》(共三辑)，也提供了很多有关西方犯罪学的信息，其中，第三辑中还收录了赵可老师翻译的美国犯罪学家佛克斯(即 Vernon Fox，今天更多地翻译为“福克斯”)的《犯罪学概论》一书的主要内容。

在期间，我还看到了西北政法学院科研处铅印、赵可等翻译的西德犯罪学家孔德·凯塞尔(即 Günther Kaiser，今天更多地翻译为“京特·凯泽”)的《犯罪学》。在看到这本绿色封面的书之后，我托留校读研究生的同年级同学贾宇(现任西北政法大学校长)购买了这本书。当 1984 年 9 月 18 日收到这本书时，才知道这是根据俄译本转译的。

尽管这些资料和书籍提供了很多有关西方犯罪学的信息，增进了自己对于西方犯罪学的了解，但是，仍然感到缺乏内容详细、准确可靠的国外犯罪学书籍。这是因为，这些资料和书籍对于国外犯罪学的介绍大多是片段性的，缺乏系统而深入的介绍。同时，尽管当时对于西方犯罪学史没有什么研究，不过，仅仅凭逐渐学到的一些知识来判断，感到其中的一些介绍似乎缺乏准确性。由于其中的大部分内容普遍缺乏完备的注释(这可能是那个时代的通病)，即使产生疑问，也无法查核原始资料，做进一步的了解。此外，那个时代我国学者撰写的大部分有关西

方犯罪学的文字，都是否定性的，政治性的、空洞的批判语言很多，而客观的介绍和论述不足。因此，阅读这些文献后，我感到"不解渴"，这种感觉促使自己更多地关注这方面的内容，只要看到有关的资料，我都收集起来浏览学习和钻研。

三、对国内犯罪学研究状况的不满意

促使我从事这方面学习和研究的，还有对当时国内犯罪研究的不满意。在我的印象中，20 世纪 80 年代以来，是我国犯罪学研究的蓬勃发展时期。那时候，很多人都对犯罪学研究充满了兴趣，撰写了许多犯罪学方面的文章。郭翔、皮艺军、张潘仕、白岚等老师负责编辑的刊物《青少年犯罪研究》，是发表犯罪学研究文章的重要阵地。这份杂志我几乎每期必读，一些文章很有启发性。而且，我还参加了我国第一部《中国青少年犯罪研究年鉴》（首卷，郭翔主编，春秋出版社 1988 年 8 月版）的一些编辑工作，接触到更多的犯罪研究文章，增长了不少知识。不过，这类文章看得多了，也发现了一些问题。例如，当时很多人热心于犯罪原因的研究，所写的犯罪原因研究的文章，往往将多种相关因素加以罗列，似乎这就是犯罪原因。同时，我偶然看到介绍 19 世纪末期龙勃罗梭等人的犯罪原因研究资料后发现，早在 100 多年前，他们就已经用这种方法研究犯罪原因了，而且，所罗列的因素更加齐全，阐述得似乎更加充分。这时候，自己似乎感到我们在 100 年后进行的犯罪原因研究，好像是在重复他们的研究；而且，很多文章是在更低的水平上进行重复，浪费了大量的人力和物力，影响了我国犯罪学研究水平的提高。造成这种现象的重要原因，可能是我们的很多研究者对于西方国家的犯罪学研究不了解。

又如，当时的大部分研究文章都研究国内的犯罪现象，其中很多文章不是研究局部地方的犯罪问题，就是对有关实务工作的经验性总结，一些从事政法工作的人员撰写的犯罪研究文章，这方面的特征更为突出。相对而言，对国外犯罪学研究成果的介绍极少，不仅缺乏专门的介绍和述评文章，即使在很多大学里专门研究犯罪学的人员们撰写的文章中，也很少关注和引用国外犯罪学的研究成果。我们的犯罪学研究在很大程度上是与国际同行缺乏交流的“自说自话”。这种学术视野的封闭现象产生的重要原因,也可能是我们对于国外犯罪学的研究缺乏了解。

因此,尽管自己是一个很年轻的研究人员,但是,对于国内犯罪学的这种研究状况,内心是不满意的,总想自己在了解、介绍国外犯罪学研究方面,做点什么。

四、大学任教期间有关国际交流的促进作用

在我对西方犯罪学史的了解和研究过程中,一些国际交流产生了极为重要的促进作用。1986 年 7 月硕士研究生毕业之后,我选择留校,在中国政法大学法律系犯罪心理学教研室从事教学工作。为了奠定以后学习和研究的必要基础,我留校后立即到北京师范大学心理系进修了一年心理学,1987 年 7 月进修结束之后,在暑假开始备课,在新学期开学后开始为本科生讲授犯罪心理学课。在此期间,我不仅增加了对于国外犯罪学和犯罪心理学的了解,而且自己参加的一次国际交流活动,还对发展自己在西方犯罪学方面的兴趣,产生了重要的影响。

1987 年 10 月 28 日下午,由于偶然原因,我应邀到北京协和医院门诊部五楼参加一个接待美国监狱矫正代表团的座谈会。当美方成员讲话之后轮到中方成员发言时,竟出现冷场现象,既无人提问,也无人评论,没有一个中方参会者发言,这种“无声场面”搞得会议主持人很是尴尬。由于这时候自己已经对于国外犯罪心理学有了一定的了解,再加上当时才 20 多岁,“初生牛犊不怕虎”,因此,就率先提了一个犯罪心理学方面的问题,向美国客人请教。美方成员中的心理学家是一位黑人女性——Henrietta Hestick 博士,我的提问不仅打破了僵局,也给这位黑人女性提供了展示她专业知识的机会,因此,她很愉快、很耐心地回答了我的问题,并且在座谈会结束时赠送给我一些英语资料。之后,座谈会才进入双方讨论和交流的阶段。

这次活动的中方组织者看到我率先提问对于交流活动的进行起了积极的作用,就邀请我继续参加 30 日在中国社会科学院举行的第二次座谈会。在这次

座谈会上，我向美方团长Osa Coffey女士等美方成员赠送了资料，并表示了交换资料的想法。Henstick博士当即赠送我一本美国矫正教育协会(Correctional Education Association)的通讯录——《1987年矫正教育者指南》(The 1987 Directory for Correctional Educators)。

参加这两次座谈会产生了很好的效果。Coffey女士回国后，给我寄来了两本英语犯罪学书籍，其中一本是就是赵可老师摘译过的那本弗农·福克斯的《犯罪学导论》(1976年版)。当我在1988年3月31日收到这本书时，感到十分兴奋，因为这是我拥有的第一本真正的英语犯罪学专著。收到后反复阅读，其中的内容对于以后的学习、研究和写作，都产生了很大的影响。同时，Henstick博士介绍我加入美国矫正教育协会，使我自1989年5月起成为该协会唯一的中国会员。此后我利用这个身份，进行了很多中美监狱领域的交流。

而且，我还根据《1987年矫正教育者指南》中的信息，与一些国家的同行进行通信联系，获得了一些有用的犯罪学资料。特别值得一提的是与英国开放大学的杰拉尔德·诺尔米(Gerald Normie)教授的交往。我写信给他后，他答应给我寄一套该大学犯罪学专业的资料，当我于1988年9月1日收到一大包资料时，发现其中不仅有多册犯罪学书籍资料，甚至还包括几盘记录了犯罪学演讲内容的磁带。诺尔米教授还邀请我参加1989年9月下旬在英国牛津举行的第二届国际监狱教育会议，可惜由于缺乏经费而未能成行。

诺尔米教授是一个很热心的人，不仅自己帮助我，还把他的朋友、利兹大学(University of Leeds)的荣誉退休教授诺曼·杰普森(Norman A. Jepson)介绍给我。杰普森教授给我寄来了曼海姆(Hermann Mannheim)的《比较犯罪学》(Comparative Criminology，第2卷，1965年版)、艾森克(Hans Jürgen Eysenck)的《犯罪与人格》(Crime and Personality，1964年版)等宝贵的资料，当我在1988年9月2日收到这些资料时，十分感动，毕竟，我与他们素昧平生，他们却给了我难得的帮助。多年以后，我在一次国际会议上碰到他们两位，分别赠送了小纪念品，才算表达了一点对他们的感谢之意。

外国友人陆续寄来的这些资料，加上我在北京地区的图书馆中收集的犯罪学英语资料，为研究西方犯罪学史提供了必要的资料基础，使我在1988年开始了西方犯罪学史的系统学习，为这本书的写作进行准备工作。

当然，在对外交流中体验到的并不仅仅是愉快。实际上，在我学习和研究西方犯罪学史的过程中，也有过一些当时感到失望的对外学术交流活动。1991年9月2日~12日，中国政法大学犯罪心理学教研室主任罗大华教授邀请一位日本犯罪心理学家松本恒之教授到学校，举办犯罪心理学研讨班，我和来自国内其他地方的很多人参加了研讨班。这样的研讨班在当时十分少见，面对面与外国同行交流的机会极其难得，而且，我对于外国专家抱有很高的期望，用"崇拜"一词来形容当时的心态大概也不为过。在这种心理状态下，自己利用课间休息时诚恳地向他请教了一个问题：精神分析学的创始人弗洛伊德是否直接研究过犯罪心理问题？是否撰写过犯罪心理方面的文字？因为在此之前，我在一本犯罪学书中得知，弗洛伊德写过一篇直接研究犯罪心理的文章《由于罪恶感而犯罪的人》(Criminals from a sense of guilt)，但是，国内找不到更多的资料，为此，我想听听他的看法。令我没有想到的是，通过翻译提出了我的问题后，他竟没有给出任何回答，甚至也没有明确表示他的态度。这让我感到很沮丧，心想外国专家也不过如此，甚至连我已经知道的内容他都不知道。这种挫折从反面刺激我更进一步努力地研究西方犯罪学史。现在想来，当时年轻气盛，对于这位日本犯罪心理学家的失望情绪也许过分了一点，毕竟，每个人的研究领域和侧重点会有不同，即使专家也不可能什么都知道。

1988年到1991年底的几年间，是我撰写《西方犯罪学史》的关键时期，也是一段极为难忘、勤奋刻苦的学术攀登时期。这本书的很多准备工作和一部分书稿的撰写工作，都是在这个阶段完成的，其中的一部分是在中国政法大学主楼4层那个用大教室一分为二的教研室中完成的(大教室的另一半是当时的劳改法教研室)。1992年初，由于种种不愉快的经历，促使我下决心调入司法部预防犯罪与劳动改造研究所(该所从1995年起更名为"司法部预防犯罪研究所")从事研究工作，但是，西方犯罪学史的研究工作仍然没有停止。

当然，还有一些其他方面的缘由，但是，上述四点可能是最主要的。

自然法、法律实证主义及其交织

刘连泰*

初看登特列夫《自然法——法律哲学导论》，实在看不出登氏出生在英国——英美的学者写书不会如此玄妙，论题也相对集中，跨度不会太大。也许是在意大利都灵大学谋生的原因，饱受罗马法的浸淫，登氏的著作也沾上了一点罗马法的灵气，孜孜以求于总全体系的完整。登氏的行文风格类似于德国学者，意念已完全化作幽灵，游弋在超验世界：没有英美学者通常的鸡零狗碎，没有中国学者自恋式的"笔者认为"——主体、经验皆无须出场，精神足以自足。

一直对自然法理论不屑。其中的一个因由是：自然法的知识谱系太过凌乱，看不出一种学说和另一种学说之间的因缘关系。法律实证主义（李日章先生翻译为法律实定主义，大陆法学界习惯的称谓是分析实证主义法学，为照顾两种称谓，本文取两者的折中，称法律实证主义，但含义没有差别）就不同了，自边沁以降，历经奥斯丁，凯尔森、哈特、拉兹等等，学说渐趋完整，甚至一代学者和另一代学者之间的师承关系也一目了然。如此规划严密的学说体系，面对自然法理论一堆散兵游勇的偷袭，时常岿然不动。

登特列夫写作《自然法——法律哲学导论》的本来目的是清理驳杂的自然法知识传统，为自然法理论找到新的辩护。经过清理后的自然法能够直面法律实证主义的进攻，为现代法律提供全面的道德基础吗？

一

自然法可以分为本体论的自然法、作为"技术"的自然法、义务论的自然法。

---

* 作者为厦门大学法学院教授。

这是登氏对自然法的分类。当然,这种对自然法的分类不完全是共时性的,其中包含了历时性的成分。本体论的自然法出现在早期,集大成者当属托马斯;作为技术的自然法出现在二战后,富勒、德沃金是其中的翘楚;至于义务论的自然法,则是登氏补天阙用的补丁。

在本体论的自然法看来,实然与应然、事实与价值之间的深壑纯属荒诞。实证法不过是整个自然秩序的一部分,而自然法也一定可以在实证法中找到自己的化身。正是因为同属整个自然秩序,与自然法不同一的实证法就不再是法律,终究会从自然秩序中逃逸。如此整全的秩序,当然只有通过宗教的诠释才能证成。于是,托马斯·阿奎那就成为本体论自然法的大师。

在法律实证主义看来,这个世界支离破碎,事实与价值彼此隔膜,实然与应然各自为营。上帝已死,修造巴别塔的原罪未赎,人类断然不可能在事实与价值、实然与应然之间架起天桥,每一范畴的门口都挂有"此路不通"的标牌,无法通过一个范畴进入另一个范畴的领地。上帝死了,人的理性只能在西方的没落中,卑微地蜷缩在规范构造的编码世界里,焦虑而怯懦地等待耶稣复活。

本体论的自然法,终究过于玄虚。对人类生活秩序的任何解释,都逃脱不了功利主义的检验——至少从边沁开始,功利主义一直是法律实证主义的营养基。作为"技术"的自然法出现在美国,似乎顺理成章。与早期本体论自然法学家不同,富勒、德沃金一直在吃力地证明:自然法能得到疑难案件的唯一正解,在法律实证主义"山重水复疑无路"之时,只有借助自然法的明灯,才能达致"柳暗花明又一村"。在此,富勒、德沃金作为自然法的牧师,已不再寻求对人类生活秩序的终极解释——那属于纯粹知识论的范畴,转而钻研自然法的器物之用:通过不断地祷告,将法律实证主义从疑难案件的困局中救赎出来。

从中国哲学的体、用范畴来看,本体论的自然法和作为"技术"的自然法已穷竭了自然法所有的证成进路,义务论的自然法只是狗尾续貂了。

但问题显然没有如此简单。自然法与自然权利的孪生关系经常成为自然法的软肋——自然法对义务的分析捉襟见肘。马里旦的《自然法》总共只有四章,对自然权利的论述就用去两章篇幅,而对法律的另一范畴——义务却视而不见，这是不是鸵鸟战术？作为对人类秩序的总全解释，本该做翱翔宇宙的雄鹰。法律实证主义本无雄心，尚可做不问大事的犬儒，雄才大略的自然法怎堪鸵鸟之讥？于是，登氏踏上了女娲补天之旅。

在登氏看来，人们之所以履行法律义务，不是因为法律实证主义所言的"强制"，而是内心的自愿。内心为什么自愿呢？因为义务也是自然秩序的一部分，符合人的自然秉性。在此，作为自然法学者的登氏已孤军深入，一队轻骑直奔法律实证主义的老巢——法律实证主义时常以解释法律义务见长。当然，孤军深入之后的巷战，显然不是自然法习惯的路数。人们之所以履行义务，分析实证主义大师其实早有解释——奥斯丁名之为"习惯的服从"，凯尔森名之为"法律的实效"。登氏的解释并不构成对上述理解的诘难。因此，自然法的这一队轻骑并没有与法律实证主义守军展开肉搏，最多只是在敌阵前的一次示威。

二

登氏将法律实证主义分为强制论的实证主义（以边沁和奥斯丁为代表）、实用论调的实证主义（以霍姆斯为代表）和规范论的实证主义（以凯尔森为代表）。其实，将实用论作为法律实证主义的一脉，多少有些勉强。实用主义的法学家不拒绝采用任何进路解决争议——包括自然法的路数，也包括规范的分析路数，甚至对文学、艺术和数学也敞开怀抱。如果说真有后现代主义法学，法律实用主义其实是最早的后现代主义法学——拒绝本质，也拒绝中心。也许是因为法律实用主义沾了社会实证的脉气，登氏就做了法律实证主义和法律实用主义家族相似的认定。

登氏在对自然法和实证主义法律做类型化处理时，没有遵从同样的理路。也许，在登氏看来，对两种不同的知识脉络，不可能使用同样的框架梳理，这就好像性质差别极大的液体一定要使用不同的容器来盛装。自然法和实证主义法律真是两种完全不同的液体吗？如果是，它们之间的差别是否大到只能分装在不同的容器之中？

按照登氏对自然法和法律实证主义的理解框架，我们尝试着对自然法和法律实证主义的典型特征做表格化处理。从表中可以看出,登氏分析自然法的框架其实也可以用来分析法律实证主义;反之,分析法律实证主义的框架也可以用来分析自然法。

表一　登式自然法的分析框架

	自然法	法律实证主义
本体论	自然秩序	规范
技术论	解决疑难案件	解决常态案件
义务论	遵守法律多数不通过强制	“习惯的服从”或“实效”是前提

表二　登氏法律实证主义的分析框架

	自然法	法律实证主义
强制论	认为秩序受到自然秩序强制	规范本身的强制力
实用论	解决疑难案件	规范祛魅,运用多种方法解决案件
规范论	道德规范也是规范	法律规范

观察上述两个表格,我们还可以有更惊人的发现:自然法和法律实证主义在多数情形下并不构成知识论上互相反对的两极,更多的情形反倒是“尺有所短,寸有所长”式的互补。从自然法之技术的层面,从法律实证主义之实用论的层面观察,这种互补性显得尤为彰目。法律实证主义承认网状的法律无法穷竭所有解决纠纷的规则,对法律没有规定之事,法官只能凭自由裁量权处置。但自然法认为,法官通过不断挖掘法律中的价值因素,都能求得所有纠纷唯一正解。从实用论的角度观察,法律实用主义从来就不排斥通过自然法的方法解决案件。

三

晚近以来,自然法学家对自然法的研究已不再是“信徒在祭坛前的行礼”,法律实证主义阵营也不再刻意地将道德规范拒之门外,从而把自己打扮成“道德怪兽”。自然法大师德沃金在《自由的法》前言中,坦承大多数案件的解决其实不用倚仗自然法;法律实证主义代表人物哈特也终于在《法律的概念》第二版中,接受了最低限度自然法的学说。不管各自如何“犹抱琵琶半遮面”,其实都在接近自然法和法律实证主义之间的中线。

哈特、德沃金受到了登特列夫的影响已成定论。我们很难想象，如果没有登特列夫对自然法知识遗产的梳理，德沃金将要花费多少光阴去擦拭自己用以批判的武器；同样，哈特将要经历多少次的目光游弋，才能找到自然法的靶心。也许，经过清理后的自然法知识传统仍然无法在与法律实证主义的较量中占据明显上风，法律完备的道德基础依然让人“雾里看花”，但登氏的著作却避免了自然法和法律实证主义之间一场可能的混战。这一点，可能是登特列夫本人也未曾想到的收获。

《法学家茶座》读者购书指南

（排名不分先后）

中国法律图书有限公司　北京市莲花池西里7号法律出版社一层　010-63939792
北京三联韬奋图书中心　北京市东城区美术馆东街22号　010-84010542
北京风入松书店　海淀区海淀路46号(北大南门外东侧资源西楼)　010-62625939
北京万圣书园　海淀区成府路蓝旗营教师5号楼　010-62768748
山东天平法律书店　济南市解放东路63号　0531-88952480
湖北社科书店　武汉市楚雄大道268-318号　027-87387664
武汉继红法律书店　武汉市武珞路114号　027-88047929
长沙法律书店　长沙市解放中路定王台书市一楼92号　0731-2241989
厦门晓风书屋　厦门市思明南路416-12号　0592-2088115
厦门光合作用书店　厦门市中山路219号-225　0592-2101859
长春学人书店　长春市人民大街4696号　0431-85662793
哈尔滨学府书店　哈尔滨市南岗区学府路74号　0451-86609792
陕西嘉汇汉唐书城　西安市长安中路111号　029-8521888转8031
四川省天平法律图书有限公司　四川省成都市学道街42号　028-86715882
昆明清华书屋　昆明市一二一大街308号云南师大正门旁　0871-5516178
广东学而优书店　广州市海珠区新港西路91-93号　020-89023813
广州八联法律书店　广州市仓边路银山大厦首层　020-83640556
深圳法律书店　深圳市深南东路5015号金丰城裙楼105号　0755-82070428
杭州西湖法律书店　杭州市天目山路锦绣文苑3幢4号　0571-88086486
上海季风书园(陕西店)　地铁陕西南路站站厅　021-53821942
南京唐人图书有限公司　江苏省南京市中山北路105号　025-83323315
南京天平法律书店　南京市鼓楼区宁海路68-1号　025-83730336
郑州市二七区新世纪法律书店　郑州市大学路54号　0371-66955389　传真:0371-67958280

何博士：我到欧洲游学两个月，没有对信箱及时清理，结果因“爆满”而被网络管理员“查封”了。如果因此而退回或者丢失了来信，尚请读者原谅。在清理信箱的过程中，我发现了三封颇有批判性的来信，包括对我的观点的批判。在第28期《法学家茶座》上，我在《杀还是不杀，是个法治问题》一文中发表了赞成加大对醉酒驾车的行政处罚力度但是不赞成在刑法中增设“醉酒驾车罪”的观点。刘建昆“茶客”对我的观点进行了反驳，而且他的观点与全国人大常委会最近审议的《刑法修正案（八）》（草案）拟将“醉驾”入罪的主张相吻合。然而我以为，立法者必须考虑我国的法治行为环境和执法司法能力，不要以为一纸法律规定就可以解决当下中国相当严重的“醉驾”问题。如果我们在没有制度能力保证严查并严惩“醉驾人”——特别是那些有权势、钱势或关系的“醉驾人”——的情况下就将其仓促入罪，那恐怕又会导致法律成为“稻草人”或者只能处罚“倒霉蛋儿”的尴尬境地。此外，黄进喜和晋涛两位茶客也在来信中分别就制度的功能和刑法学研究状况发表了旗帜鲜明的观点。我喜欢阅读这样的来信，所以刊登出来与读者分享，并欢迎读者继续发表高见。

茶客 刘建昆：何博士，承蒙在《茶座》第28期发表本人去信。然响应者寥寥，我意以为这是大陆行政法学者学风一贯如此罢了，不足为怪的。今日细读第28期，有关醉驾和偷渡的两段文字（分别在第9页和第149页）引起我的兴趣。以前我就职于边防公安，处理偷渡案件正是本行。不过由于转业，研究兴趣有所转移。现简要说说我的意见。和何博士不同，我是赞成将醉驾增补入刑法的。在我国，交通肇事罪属于刑法第二章危害公共安全罪之一种，在查阅我国台湾地区的“刑法”时发现，台湾地区对于“醉驾”也是归入“公共安全”一类的犯罪的。其第一百八十五条之三（重大违背义务致交通危险罪）规定：“服用毒品、麻醉药品、酒类或其他相类之物，不能安全驾驶动力交通工具而驾驶者，处一年以下有期徒刑、拘役或科或并科十五万元以下罚金。”可见依据台湾地区的“重大违背义务致交通危险罪”条文，“醉驾”是危险犯而不是实害犯。危险犯的社会危害性表现在行为虽未造成实际的损害结果，但使法益面临威胁，足以使不特定或者多数人的生命、健康和重大财产安全陷入危险。台湾地区“交通肇事逃逸罪”本身也是“公共危险罪”类罪的一部分。台湾地区“刑法”第一百八十五条之四规定：“驾驶动力交通工具肇事，致人死伤而逃逸者，处六月以上五年以下有期徒刑。”从行为犯角度，“服用”行为和“肇事”行为以及“逃逸”行为可能属于不同的行为，但这一规定，从法规连续的角度仍可以视为前条的结果加重犯。对在重大的公众利益面前，规定为危险犯而不是实害犯，有助于前期的犯罪预防。犯罪人一旦实施了足以造成危险的行为，不待其危害行为和危害后果出现，即作为犯罪加以惩处，这种惩处尽管属于“轻刑”，但是由于早发现、早处理、早警示，往往会取得比对实害犯“处以重典”更好的社会效果。

偷渡即偷越国(边)境，我国理论上存在很多误区。主要表现在：1. 将“国境”混同于“国界”，而实际上二者是完全不同的法律概念；2. 没有认识到偷越国(边)境是一种想象竞合犯，一种行为可能触犯两个国家(地区)的法律；3. 忽视了护照兼有出境行政许可的作用，而边防检查是一种独立的行政许可；4. 误以为偷越国(边)境属于持续犯，追究不受时效约束。诸如此类。理论上的不足导致我国立法上很多地方含混不清，执法中也就因陋就简，因而导致争议的产生。在《茶座》中提及的所谓使用骗取的证件出境问题，这种行为扰乱了正常的出入境管制秩序，造成出境人滞留国外不归导致国外遣返等国际问题，具有一定的危害性。但是，由于在法规设计上的问题，却只能稀里糊涂“按某罪论处”。法律是一种规则，一旦世人主动遵守，则可以减少惩处的必要。

我国在醉驾问题、在偷越国(边)境立法上的缺失，造成一些危害行为只能套用近似法条，经不起严谨的法律逻辑推敲，不能说不是法律学者和立法机关的共同失误。诚如何博士所言“滞后了，就是滞后了，及时进行修订才是正确的态度”。

茶客 黄进喜(厦门大学法学院博士研究生)：何博士，关于制度的功能与作用，我想对朱辉强的观点(见第29期的“何博士信箱”)作一些回应。制度与技术孰重孰轻，是个争议激烈且无定论的问题。我想从新制度经济学“诺贝尔境界”给我们的启示这一视角，简要谈一下对这个问题的认识。2009年纪念诺贝尔经济学奖颁给了奥利弗·E. 威廉姆森和埃莉诺·奥斯特罗姆。这两人同属于新制度经济学派，只是研究方向不同。由此可见，2009年诺贝尔经济学奖实际上是颁给了“新制度经济学”。在此之前，新制度经济学家施蒂格勒、布坎南、科斯、贝克尔、诺斯、斯蒂格利茨分别于1982年、1986年、1991年、1992年、1993年、2001年荣获纪念诺贝尔经济学奖,形成了新制度经济学的"诺贝尔境界"。新制度经济学派的"诺贝尔境界"向人们传达了一个很重要信息:在经济发展过程中,要始终注意和高度重视制度的功能和作用。在制度经济学派产生之前,制度长期被排除在经济分析之外,且被视为已知的给定的外生变量,即制度经济学以前的市场经济理论主要是通过各种非制度的物质生产要素变化,说明生产率的变化和经济的增长与否。针对传统经济理论,制度经济学者提出了一个问题:为什么有些社会具有同样或相似的土地、劳动和资本等生产要素却没有出现相同的经济效果呢?对此,科斯认为,传统主流经济学假定市场交易是无需成本的,而现实世界由于信息不对称以及市场不确定性,交易是需要成本的。而在现实交易成本存在的情况下,能使交易成本最小化的法律就是最好的法律。科斯交易成本理论表明,一种好的制度设计可以减少交易成本,促进交易,从而提高经济效率。申言之,制度激活了各种生产要素。不难看出,制度经济学对制度的功能和作用给予极其充分的肯定并倍加推崇。他们认为,将制度因素作为经济发展的内生变量,即制度是土地、劳动和资本这些生产要素得以发挥功能的一个决定性因素,对经济增长起决定作用的是制度性因素而非技术性因素。

茶客 晋涛(河南省郑州市中州大学管理学院法律教师):何博士,作为一名圈外的刑法学人,我注意到我国刑法学界存在着一种现象:《刑法学》独著者寥寥无几、主编者车载斗量;反观德国、日本等国,则是独著者不计其数、主编者屈指可数。这难道是我国刑法学相对落后、国外刑法学发达的一个表征或者原因?我们的刑法学者很少有真正属于自己的刑法学专著。这里讲的刑法学专著,是指在内容上包括刑法总论、刑法各论的著作,从体系上包括犯罪论、刑罚论、各论,简单说就是刑法学教材。我们见到的更多的是主编的刑法学著作,可以称之为拼接式著作。在刑法学界,拼接式刑法学著作已经司空见惯了,甚至是刑法学著作的常态,这是很不正常的学科现象。拼接类著作一般由某大腕牵头,然后其门徒故旧欣然受命,无需多日,应景应急的主编刑法教材就出炉了。这类著作总论是人云亦云、基本无理论,分论是对刑法条文的照搬照抄,相当无深度。这类著作由于是众人所为,没有理论体系,前后矛盾也并不稀奇,章节论述水平参差不齐也不足为怪。这类著作没有真正的责任人,参与者只为字数,无视质量,只为挂名,忽视思想。就是这样的情况,拼接式刑法学著作非但没有受到学者们的抵制,反而大行其道,充斥于书市、流行于校园,也可谓当今刑法学界之怪现象。原因是对于刑法学人来讲一来可以加快成书步伐，造就硕果累累之象；二来可以用于评级晋升，毕竟攀附于名家之衔；三来可以促进结盟，非兄非弟怎能入围。与此同时，该著作由于名气大、编者众、关系广、时效快，在书市上也位列前茅，招摇无限。可见，这类拼接式著作对于参与人员可谓名副其实的名利双收，且不止于双赢，可能是三赢、四赢……在这些参与者为小投入大回报而欢欣鼓舞之时，竟忘却刑法学者真正使命：为学界添理论、为实务指路径。

不苦思冥想、不殚精竭虑则难成一家之言，不成一家之言，何以学者身份自立？时光易逝、韶华难留，当繁华落尽，梳理人生之际，可有底气出示该类著作于晋谒之后生，谈论惊世之贡献？休者休矣，老者老也。

时至今日，法学大昌，刑法学也有了突飞猛进。现在刑法学正处于转型期，青年刑法学人一定要抓住机遇、担当使命，努力撰写真正属于自己的刑法学专著。青年刑法学人（虽然我也是青年，但还算自知，配不上学人称号，我是瞎子在给别人指路）应当认识到刑法学专著（通论）的价值。它是有成就的刑法人的必备之作，是证明之作。当然，撰写专著是一项浩大的工程，非经长年累月地苦心经营很难成功。国外很多刑法学者是过了知天命之年方才下笔，前期积累长达数年、数十年。正因为这样艰难，才能全面地体现一个人的学术能力与努力。可以少做些课题，少参编些著作，多写些论文，多读些司法案例，用心积累，一旦推出，定有益于学界，无愧于内心。在写作过程中，必然会注意到诸多问题，观点可能会不成熟，但会促使著者本人做全面的准备与思考，必定使著者本人受益，因为他获得了与刑法诸问题接触的机会。很多名家大腕之所以没有专著只有拼接式著作，除了上面提到的原因，可能还是缺乏全面驾驭刑法的能力和勇气。只要是专著，哪怕浅显，也不可怕。它毕竟代表了著者的思考，是著者的理论园田，是著者学术精华的体现。通过专著，自己的观点见解集中地表达出来了，学人很容易知道作者的主张。人们在自己的一方田地里耕耘着自己的知识，彼此之间会发生争论，争论促进了学问的交流，也使学者们去多角度地思考问题。专著写作的过程，就是学派之争的过程，就是学说争鸣的过程，也是刑法学整体提升的过程。张明楷教授一直呼吁在我国刑法学领域展开学派之争，但应之者寥寥，其中一个原因就是我国能够真正写出刑法学专著的人屈指可数。只有对刑法进行了整体、细致的研究的人，才可能对别人的主张提出严谨的辩驳。连别人在说什么都不能全面理解的人怎么能开展争论？学派之争以有一群优秀的刑法学人为根基，从这个意义上来说，张教授的学派之争一时还难以展开。通过争鸣、思索，先前的主张可能会发生变化、或者生活现实自身发生了变化，刑法学著作也要修改，也就有了二版、三版乃至N版。德国刑法学大师李斯特的专著《德国刑法学教科书》出了26版（当然第25、26版是在李死后其高徒施密特所为），韩国金日秀、徐辅鹤的《韩国刑法总论》已修订到了11版，张明楷教授的《刑法学》也已经出到了第3版。经营专著实际上是自己走向学术殿堂的过程，通过不断地修改专著，著者的认识不断深化、心态更加从容、学说越发严谨。

刑法学专著是刑法学种种思想展示的平台，也是砥砺学说主张的沙场。青年刑法学人还有足够的时间去准备，努力写出让自己骄傲、让别人认可的刑法学专著。到那时，才会真正无愧于自己的学者职业。最后，让我们向那些已经出版了刑法学专著的学者们致敬：张明楷、陈兴良、阮齐林、周光权、陈浩然等。

《何博士信箱》通讯地址：（100872）中国人民大学法学院何家弘收
E-mail：doctor_he@sdpress.com.cn